ちくま新書

明治憲法史

坂野潤治
Banno Junji

JN036460

1513

明治憲法史【目次】

はじめに

最初の著作（『明治憲法体制の確立』一九七一年）以降、筆者は政治史研究者の立場から、戦前日本を五五年間にわたって支配した「大日本帝国憲法」（以下「明治憲法」と略す）に注目を払ってきた。本書はそれらを踏まえて、明治憲法の構造と機能を正面から分析しようとするものである。

政治史的な明治憲法史にとって重要なのは、憲法条文とその註釈だけではない。憲法によってそれぞれ権限を分与された諸機関の相互関係の分析が必要なのである。とはいえ、内閣、陸海軍参謀本部、枢密院《すうみついん》、貴族院、衆議院と国家機関の名を列挙しても、その憲法上の位置づけを学んだだけで近代史のダイナミズムを捉えられるはずもないと、本を閉じてしまう読者もいるかもしれない。

しかし、戦前日本の運命を大きく左右したロンドン海軍軍縮条約（一九三〇年）、満州事変（一九三一年）、日中戦争（一九三七—四五年）などにおいて、海軍や陸軍の要求や行動を抑えようとした勢力にとっては、相手が依拠する憲法上の権限が何であるかは、実際に重要な問題であった。明治憲法第一一条の統帥《とうすい》大権、第一二条の編制大権、第一三条の外交大権の相違を知らなければ（詳しくは本論で説明する）、この三大事件を理解できないのである。

この三つの天皇大権と並んで、（この点ものちほど詳述するように）第五五条の国務大臣単独責任制についての誤解を解くことも、この三大事件の理解に不可欠である。「誤解」とは、この五五条のために戦前の日本では各大臣は総理大臣を飛ばして、直接に天皇に対して責任を持っていた、という理解である。「国務各大臣ハ天皇ヲ輔弼《ほひつ》シ其ノ責ニ任ス／凡《すべ》テ法律勅令其ノ他国務ニ関ル詔勅ハ国務大臣ノ副署ヲ要ス」という条文だけからは、そのように読める。

しかし、憲法の発布を受けて一八八九（明治二二）年一二月に公布された内閣官制には、法律案、予算案、外国との条約その他国際案件、官制などについては「閣議ヲ経ベシ」と明記されており、また法律勅令に関しては主管大臣だけではなく総理大臣の副署が必要であると記されている（『日本国政事典』第一巻、五一〇—五一一頁）。

この第五五条は、各大臣の独断専行を認めるためのものではなく、内閣の議会からの独立性を、より正確に言えば議会の多数党からの独立性を保障するための規定である。各大臣が議会ではなく天皇に対して責任を負うことと、議院内閣、政党内閣への途を開きかねない「連帯責任制」を退けることとが、第五五条の意図だったのである。

政治史を理解するために明治憲法の構造と機能を知る必要があることは、先に挙げたいわゆる「昭和史」に限らない。一八九〇年に明治憲法が施行されて以後の政治史上の大きな事件のほとんどは、明治憲法と密接に絡み合っていたのである。

本書は、明治憲法が施行されてからの明治、大正、昭和戦前期の政治史を、憲法史として再構成しようとするものである。しかし、もちろん憲法はある日突然天から降ってきたものではない。公布された憲法は藩閥政府に圧倒的に有利なものであったが、公布以前に在野勢力が払った自由主義的な憲法制定への努力は決して無駄ではなかった。この努力のおかげで在野勢力は明治憲法の弱点を知り抜いており、この知識を駆使してその運営上の修正に努めたのである。このことを明らかにするために、本書では憲法の成立史にも、ある程度の紙数を費やしている。

なお、史料の引用にあたっては、現在の読者にも十分にその意を汲《く》みとっていただけるよう、原則として（法令等を除き）、新字・現代かな遣いに改めた。適宜句読点やふりがな、送りがなを追加し、漢字やカタカナをひらがなに直したところもある。また、引用史料中の〔　〕は筆者による注記であることをお断りしておく。

第 1 章

長い助走期間

1889年2月11日、大日本帝国憲法発布を祝う市中の様子
(photo©長崎大学附属図書館所蔵/共同通信イメージズ)

1 立憲主義と民主主義の登場

†士族と平民の議会制

明治憲法の発布は一八八九(明治二二)年であり、翌一八九〇年の帝国議会の開設とともに施行される。王政復古から議会の開設までに二三年もかかったことを、筆者はこれまで民主化の遅れと批判的に理解してきた。しかし近年にいたって、助走期間が長かったことは、必ずしも悪いこととは言えないのではないか、と考えるようになった。革命の勢いに乗って一気に民主的な憲法を制定し、保守勢力の反撃を受けて振り出しに戻った例は、世界史の中では少なくなかったからである。

明治日本の場合には、この長い助走期間のうちに、支配勢力と在野勢力の双方の間に、憲法と議会についての理解が浸透し、その主張も保守、中道、急進の三つにまとまっていった。それは同時に、自らの立場だけではなく、相手の主張もそれなりに理解することを容易にしたように思われる。以下では、この助走期間における、保守、中道、急進の立憲制観の確立過程を、二つの節に分けて見ていきたい。

拙著『日本近代史』(ちくま新書)でも明らかにしたように、議会制の導入は意外と早くから議論されており、幕末以来、多くの指導者の一貫した変革目標であった。しかし、一八七一(明治四)年の廃藩置県までは、そこで構想された議会制の内容は、封建制を前提とするものであった。中央政府の決定をなす上下二院について、上院議員には各藩の藩主(大名)が、下院議員にはその家臣の代表がなるものとする議論である。「士農工商」のうち「士」だけで両院を握るものであった。

廃藩置県は、この封建議会論の根底を覆すものであった。「士農工商」の区別が形式的な「士族」と「平民」の区別だけになったときに、「士族」と「平民(主として農村地主)」による議会制を提唱したのが、有名な「民撰議院設立建白書」であった。

いわゆる「征韓論争」に敗れ下野した前参議の板垣退助・後藤象二郎ら士族八名が、一八七四年一月一七日付で明治政府の立法機関であった左院に提出し受理されたこの建白書は、その翌日には新聞『日新真事誌』に掲載され、広く世間の知るところとなったが、そこには次の一文が記されていた。

「それ人民、政府に対して租税を払うの義務ある者は、すなわちその政府の事を与知可否するの権理を有す。」(『自由党史』上巻、九〇頁)

当時の「租税」は土地所有者が納める「地租」だけだったから、ここに言う「政府に対して租税を払うの義務ある者」の大部分は農民であり、家禄で暮らしてきた士族の大半は、「租税を払うの義務」を負わなかった。その士族八人が連署してこの建白書を提出したのである。もちろん彼らは開設される民撰議院で指導的地位に就くつもりであったろうが、それでもこの納税者選挙権の提唱は、幕末の封建議会論からの大きな飛躍であった。

ただ、この建白書にも、幕末以来の封建議会論と同様に、政府と民撰議院の間の権限を定める「憲法」についての言及はない。この建白書でも、「有司《ゆうし》」の「任意放行」を規制する「定律」の不在が批判されてはいるが、この「定律」と「民撰議院」との関係についての言及はないのである。

あるいは建白書起草の中心にあった小室信夫《しのぶ》と古沢滋《しげる》(迂《う》郎《ろう》)がイギリス帰りで、イギリスの議会は憲法ではなく慣習にもとづいて運営されていたためかもしれない。しかし、長年の経験の積み重ねでつくられてきた慣習法の世界を、後発国日本に移植することは不可能であった。行政府と立法府の権限を定める憲法の制定は、明治日本の議会開設には不可欠な課題であった。

†立憲主義と民主主義の対立

議会開設ではなく憲法制定の必要性に着目したのは、在野の民権派ではなく、藩閥政府内のリベラル派、今日風に言えばリベラル保守の木戸孝允《たかよし》であった。幕末以来の長州派のリーダーであった木戸は、岩倉具視《ともみ》を全権とする欧米視察団の副使としてアメリカの首都ワシントンに到達した翌日の日記（明治五年一月二二日、西暦では一八七二年三月）に、次のように記している。

「〔自分は明治維新に際して五カ条の御誓文の制定に尽力したが〕今日に至り確乎《かっこ》の根本たる律法定まらずんばあるべからず。故に此の行先、各国の根本とするところの律法、かつ政府の組み建などを詮議《せんぎ》せんと欲し、〔通訳の何礼之《がれいし》書記官に〕その意味を申達せり。」（稲田正次『明治憲法成立史』上巻、一九五頁。なお、読みやすくするため一部書き改め

てある）

「各国の根本とするところの律法」が憲法を指すことは説明を要さない。また、「政府の組み建」の重視は、木戸の関心が議会よりも統治機構にあったことを示唆している。そのような木戸が旧長州藩士でドイツ公使館員（のちに同公使）の青木周蔵の協力を得て、皇帝権限が強く、議会のそれが弱いドイツ憲法の調査に的を絞ったことは、自然の成り行きであった。明治憲法制定史についての古典的名著である『明治憲法成立史』の中で、稲田正次氏はこの経緯について、次のように記している。

「〔一八七三年〕三月九日、木戸らはベルリンに入り、青木らが出迎えている。（中略）最も注意すべきは、四月二十三日の日記に、『三字〔時〕より青木の案内にてプルペル・グナイストを訪《おとな》う。その談中益を得る不少』とあることである。（中略）伊藤〔博文〕が教を受けた明治十五〔一八八二〕年を去る九年前に、すでに木戸が恐らく憲法問題について、同じグナイストから講話をきき感銘していることは、興味あることである。」（同書、上巻、一九六頁）

「興味あること」とさりげなく記しているが、稲田氏がここで指摘していることは、日本近代史を理解する上での長期的な視点の必要性である。歴史を五年区切りで見ていて新しく思える事象は、一〇年区切りで見れば、周知のことに属する場合が、少なくないのである。さらに重要なのは、同じ頃イギリスで議会政治を学んでいた小室信夫や古沢滋が翌年一月の「民撰議院設立建白書」の起草の中心にあったことである。一八八九（明治二二）年に発布される明治憲法がドイツ憲法を範とするものだったことはよく知られているが、イギリスを範とするかドイツをモデルにするかの対立は、その一六年前の一八七三年にすでに始まっていたのである。

この対立は、「立憲主義」と「民主主義」の対立と言い換えることもできる。木戸が求めていたものは、統治機関たる「行政府」内部規律の確立であり、板垣らの要求は「行政」を外部から規制する「立法府」の設立だったのである。この両派は一八七四年末から七五年初めにかけて一時接近し（「大阪会議」）、七五年四月に漸次に立憲制を導入するという天皇の詔勅を引き出した後、同年末には分裂した。両派が再度接近するのは、五年後の一八八〇年から八一年にかけてのことである。

2 保守主義、自由主義、民主主義の形成

†ドイツ・モデルかイギリス・モデルか

一八七三―七五（明治六―八）年には、前後して政府を去った板垣と木戸の（木戸は七四年の台湾出兵をめぐり、大久保利通らの政府主流派と対立して一時参議を辞任）、いわば在野勢力の間だけの、議会か憲法か、イギリス・モデルかドイツ・モデルか、の対立にすぎなかったものが、一八八〇、八一年には、在朝在野を通じての対立に発展した。政府の内部にも外部にも、自由主義派が誕生したのである。これにより在朝在野の勢力が、保守主義、自由主義、民主主義に三分したのである。そしてこの三勢力のすべてが、立憲制の必要を認めていた。

薩長勢力の軍事力と「富国強兵」の政策効果以外には、「天皇」だけが正統性の根拠であった明治維新が、わずか一四年で「立憲制」という正統性を尊重するにいたったのであ

る。

ドイツ憲法をモデルとする保守派の立憲主義は、先に記したようにすでに木戸孝允によって一八七三年には唱えられていた。しかしその当時は木戸の立憲主義はいまだ明治政府全体のものにはなっていなかった。旧薩摩の大久保利通は殖産興業（富国）に熱中しており、他の薩摩系指導者の多くは、西郷隆盛も含めて、中国を想定しての軍備の充実（強兵）を最優先していたからである。

これに対し、一八八〇、八一年には、木戸のドイツ流憲法論は、太政官大書記官の井上毅《こわし》により精緻《せいち》化され、右大臣岩倉具視に支持されて、明治政府内の保守派に広く支持されるにいたった。

これに対し、イギリス・モデルを自称していた板垣らの民主主義派も、一八七九—八一年には、その納税者参政権論に現実的な基盤を作り上げていた。一八八〇年三月に大阪で「国会期成同盟」の大会が開かれる。そこに集まった全国各地の結社七二のうち約半数三五の結社代表は、「士族」ではなく「平民」であり、自作農か農村地主で、「地租」を政府に納入していたのである。

†交詢社私擬憲法案

このように隆盛に向かっていた民主主義派は、理論面では福沢諭吉やその影響下にある慶應義塾卒業の知識人の挑戦を受けていた。福沢らは、イギリス・モデルを本格的に研究した上で、（行政府と徹底的に対立する立法府＝議会というイメージを描く急進的な民主主義派に対して）議院内閣制にもとづく二大政党制こそがその精髄であることを主張したのである。さらに福沢らは、議会開設のみに集中してきた板垣らに、慣習法たるイギリス立憲制を条文化した憲法私案を対置した。

イギリス・モデルとは議院内閣制であり、二大政党制であることを強調したのは福沢自身が書いた『民情一新』（一八七九年八月刊）である。また、イギリスの議会政治の慣行を明文憲法化したのは、福沢の高弟たちが公表した「交詢社私擬憲法案」（一八八一年四月）であった。

この二つの文書は、国会期成同盟に結集した民主主義派だけではなく、明治政府に対しても大きな衝撃を与えるものであった。これまでは「憲法」と言えばドイツ・モデルだったのに、（立法府による行政府の掌握と、政権交代による藩閥政治の打破という可能性をはらんだ）イギリス・モデルの憲法制定論が登場してきたからである。

明治政府にとっての衝撃はそれにとどまらなかった。たしかに、ドイツ型の皇帝権限の強い憲法の導入を提唱したのは、長州派の参議木戸孝允であったが、それは一八七三（明治六）年のことであり、それ以後「交詢社私擬憲法案」が公表されるまでの八年間、木戸構想を条文化する努力を、明治政府の側は怠ってきたのである。

これに対し、福沢系の知識人が作成した憲法私案は、体系的で精緻なものであった。第一章の天皇規定では、その第二条で「天皇ハ神聖ニシテ犯ス可ラサルモノトス、政務ノ責ハ宰相（大臣）之ニ当ル」と記されている。前半部分は悪名高い明治憲法第三条と同じであるが、後半部分で、「政務ノ責ハ宰相之ニ当ル」と明記されている。前半部分で天皇は「神聖」として祭り上げておいて、後半部分でその政治的権限を奪っているのである。交詢社私案（一八八一年）と明治憲法（一八八九年）の前後関係を考えれば、交詢社案に慌てた明治政府が、後半部を削除した明治憲法を制定したと推定して間違いない。

†「天皇大権」の原型？

交詢社案の換骨奪胎は、明治憲法の他の重要部分にも見られる。明治憲法の非民主性を代表するのは、統帥、国防、外交に関する天皇大権である。それは次のようなものであった（詳しくは第2章参照）。

「第一一条、天皇ハ陸海軍ヲ統帥ス。
第一二条、天皇ハ陸海軍ノ編制及常備兵額ヲ定ム。
第一三条、天皇ハ戦ヲ宣シ和ヲ講シ及諸般ノ条約ヲ締結ス。」

この条文だけでは、統帥、国防、外交のすべての決定権は天皇ひとりにあるように思われるが、さすがにそれには次のような縛りがかかっていた。

「第五五条、国務各大臣ハ天皇ヲ輔弼シ其ノ責ニ任ス。」

天皇大権の行使は「国務各大臣」の責任なのだから、国防は陸海軍大臣の、外交は外務大臣の責任になる。後に改めて記すように、陸海軍の「統帥」（作戦・用兵の統轄）は陸海軍参謀本部にあったから、第一一条だけは大臣の管轄外であった。悪名高い「統帥権の独立」である。他方、同じように悪名高い「国務各大臣」の単独責任制には、憲法制定直後に定められた内閣官制による縛りがあり、国防と外交の決定には「閣議」の同意が必要と定められていたから、陸海軍大臣や外務大臣が単独で天皇に対して責任を持つわけではなかった。しかし、この点を今はしばらく忘れて、交詢社私案との関係に話を戻そう。

実は、天皇の統帥大権（第一一条）、国防大権（第一二条。「編制大権」と呼ばれる）、外交大権（第一三条）の規定も、原案は交詢社の私擬憲法案にあった。その第六条には次のように記されている。

「第六条、天皇ハ法律ヲ布告シ、海陸軍ヲ統率シ、外国ニ対シ宣戦講和ヲ為シ、条約ヲ結ヒ、（中略）国会院ヲ解散スルノ特権ヲ有ス。」

これだけでは、悪名高い明治憲法の統帥大権、国防大権、外交大権の原型は、八年前の一八八一（明治一四）年に自由主義派の福沢系知識人によって作られたことになる。しかし、交詢社案はそれにすぐ続けて、第七条と第一二条で次のように明記している。

「第七条、天皇ハ内閣宰相ヲ置キ万機ノ政ヲ信任スヘシ。
第一二条、首相ハ天皇衆庶ノ望ニ依テ親シク之ヲ撰任シ、其他ノ宰相ハ首相ノ推薦ニ依テ之ヲ命スヘシ。」

「衆庶ノ望」とは、大統領制でない限り、総選挙で選ばれた衆議院の多数派の意向である。第六条で規定した天皇の特権は、総選挙で多数を占めた政党の首相と、その首相が選んだ大臣とが構成する内閣に委ねられるのである。今日の議院内閣制と全く同じことを、交詢社案は定めていたのである。

これらの各条を前提にして、同案の第一条を読めば、交詢社案が貴族院（元老院）を唯一の例外として、今日の象徴天皇制に近い議会制民主主義を提唱していたことが明らかになる。

「第一条、天皇ハ宰相並ニ元老院、国会院ノ立法両院ニ依テ国ヲ統治ス。」

これと先に記した第一二条の、首相は「衆庶ノ望」によって選任し、その首相が宰相を選んで天皇に推薦するという条項を合わせれば、交詢社案では、天皇の「統治」権は名目だけで、行政府も立法府も政党に握られてしまう。

†大隈重信の憲法意見

明治政府内部で、このような交詢社案の持つ重大性に最初に気づいたのは、太政官大書記官の井上毅であり、六月に入ってからである。交詢社案は四月には公表されていたが、参議大隈重信以外の太政大臣、左右大臣、参議ら政府の閣僚らは、誰も民間の一憲法私案を気にも留めなかった。すでに前年末から大隈とともに、福沢諭吉の協力を得て、政府の手による立憲制移行を計っていた長州派参議の伊藤博文と井上馨《かおる》もそうであった。福沢が自分たちへの援護射撃をしてくれたもの程度に考えていたのである。

しかし、参議筆頭とも言うべき大隈重信は、伊藤や井上馨を出し抜いて、ほとんど交詢社案と同趣旨の憲法意見を、天皇に内奏していた。一八八一（明治一四）年三月のことで、左大臣有栖川宮熾仁親王《ありすがわのみやたるひとしんのう》の手を経て、太政大臣三条実美《さねとみ》、右大臣岩倉具視にも内密の約束を求めてのことであった。

立法のトップである左大臣に参議が提出した天皇への内奏は、想像以上に内密なもので、有栖川宮は一応は太政大臣と右大臣に見せはしたが、そのまま天皇に奉呈した。今日の研究者には資料集で簡単に読める大隈の憲法意見も、当時は天皇の手許に一本あるだけであり、たとえば参議の伊藤博文でも勝手に読めるものではなかったのである。

†岩倉具視、井上毅、伊藤博文の持ち回り会談

三大臣以外でこの大隈意見書を最初に読んだのは、おそらく太政官大書記官の井上毅であり、一八八一（明治一四）六月一〇日前後のことである。このことは、六月一四日付で井上が岩倉に送った手紙に、「先日秘書内見賜わられ候後、潜心熟考致候」とあることによって、明らかである（『井上毅伝　史料篇第四』三三八頁）。他方、参議の伊藤博文が大隈意見書を三条太政大臣から借り出して、自ら全文を筆写したのは、それよりは二週間以上後の六月二七日である（『伊藤博文伝』中巻、九九六頁）。憲法問題に関して、いかに岩倉が井上を信頼していたかが分かるであろう。

イギリス・モデルの議院内閣制の導入を唱える大隈意見書を岩倉から見せられた井上は、すぐにその背後に福沢諭吉がいることを見抜いた。この手紙の末尾に彼は、「先日申上げ奉り候福沢の民情一新、台覧に供し奉り候」と記している。前述のとおり、『民情一新』

は二年前の八月に福沢が著わした著作で、イギリスの議院内閣制の利点を詳細に紹介したものである。

六月二七日に大隈意見書の内容を初めて知った伊藤は、その内容にも驚いたが、それ以上に、これだけ重要な上奏が三月に提出されているのに、六月末まで参議たちには全く知らされなかったことに衝撃を受けた。おそらく井上毅から伊藤が激怒していることを聞かされた岩倉は、翌二八日に伊藤に来邸を頼み、三大臣間での協議と、井上毅に憲法取調べを依頼してきた経緯とを「有体《ありてい》」に打ち明けた。

岩倉は井上にその旨を報じ、伊藤に送りたいからこれまでの憲法意見をすべて部下に筆写させて、自分のところに送ってほしいと申し入れた。井上は岩倉の手をわずらわさないように、自らこれまで岩倉に送ってきた憲法意見（第一〜第三）を、一括して伊藤に送った。二八日当日か翌二九日のことである。

これに対し伊藤は、内容についてはだいたい同感であるが、「遅速の事」については意見が違うと返事し、なお詳しく議論したいから翌三〇日に来てもらいたいと申し入れた。六月二九日のことで、六月二七日に伊藤が大隈意見書を筆写してからわずか二日後のことである。伊藤の求めに応じて翌三〇日に、井上は伊藤を訪ね熟談した。

この三日間の岩倉、井上、伊藤の三人の、いわば持ち回り会談こそが、大隈・福沢・交詢社のイギリス型の憲法制定の動きを挫折させた大きな原因だったと筆者は考えている。

†伊藤博文の「叱責」

三人の間で意見の一致を得た翌日の七月一日、伊藤は三条太政大臣に手紙を送って、大隈の上奏について丸三カ月、何の対応も取らなかったことを激しく批判している。三大臣と言っても右大臣の岩倉とはすでに意見が一致していたのであるから、批判の対象は三条と左大臣の有栖川宮の二人であった。伊藤は次のように記している。

「今日廟堂の模様より大隈の建白等の事に到り候ては、恐れながら聖上陛下、三大臣公各位の御定論は、いかがの点に注がれ候や。根本御確定の廟議《びょうぎ》これなく、あるいは取調べ、または衆論を聞こし召させられ候とか、紛々たる形勢にて曠日弥久《こうじつびきゅう》に渉らせられ候時は、回らすべからざる機に立ち到り候事、疑を容れざるところに御座候。恐れながら大臣諸公においても御憂慮のみにて、更《さ》らに御定算これなく過ごせられ候内、世上の人心は忽《た》ちまち沸湧《ふつよう》、制すべからざる事に立ち到り候は、眼前にこれあり申し候。はなはだ邪推がましく候えども、大隈の建白は恐らくは、その出ずる処、同氏一己の考案にはこれあるまじき様、狐疑《こぎ》仕まつり候。只今《ただいま》の形勢なれば、はなはだ恐縮の至りに御座候えども、博文は当官御放免願い奉り候。実に杞憂《きゆう》の至りに堪えず候。誠惶頓首《せいこうとんしゅ》復し奉り候。

七月一日　博文拝

条公閣下。」（『伊藤博文伝』中巻、二〇六―二〇七頁）

参議の伊藤がその上司に当たる三大臣を、批判というよりもむしろ叱責している手紙は珍しいので、読みにくいのを承知で原文に近い形で引用させてもらった。批判の対象として「聖上」すなわち天皇まで含まれており、さらに三大臣の中に大隈の共謀者がいることまで露骨にあてこすられているのである。

†国会期成同盟の支援

こうした憲法問題に、北海道開拓使の官有物払下げ問題（大隈が福沢諭吉系の諸新聞に事件をリークしたとされた）や財政問題が加わり、政府内の薩長両派のあいだに反大隈連合が形成された。この年の一〇月、有名な「明治一四年の政変」により、大隈は参議を罷免《ひめん》されることになる。

それ以後の伊藤の全盛期を知っているわれわれには、伊藤がここまで激怒すれば、七月の段階でたちどころに大隈の参議罷免が行われてもよさそうな気がするが、事はそう簡単ではなかった。征韓論分裂で有名な明治六年の政変以後、一貫して大久保利通を支え、大久保の死後は彼の後継者として政府の中枢を占めてきた大隈重信の声威は、なお大きかったのである。

大隈にはもう一つの強みがあった。先に記した国会期成同盟の支援である。すでに前年一一月に東京で開かれた第二回の同会の大会が、約一年後の一八八一（明治一四）年一〇月の第三回大会に、各結社ごとに憲法草案を起草して持参することを申し合わせていたのである。

実はこの第二回大会で執行部は、大会中に憲法草案を起草するつもりであった。大会に提出された第五号議案は、「本会において国憲見込書を審査議決すべし。前条見込書起草委員五名を公選すべし。別に審査委員十名を公選すべし」というものであった（『明治文化全集　雑史篇』一八一頁）。

原案賛成者は、国会開設運動だけに専念していると、その間に政府が官製憲法を制定してしまうおそれがある、その時になって憲法制定ではなく、改正運動を起こしても、もう遅いではないか、と主張した（同前書、同頁）。しかし、期成同盟の発足を準備してきた高知県の立志社などは、この時には国会開設運動から自由党結成に軸足を移しており、そのためには憲法草案作りよりも地方の団結の方に力を尽くすべきであると、大会での原案作りに反対した（同前書、同頁）。その結果この第五号議案は否決されたが、翌一八八一年一〇月の大会に結社ごとに憲法草案を起草して持参するという合議書の方は、すでに可決されていた。

一八八一年四月の交詢社の私擬憲法草案は、この期成同盟大会の決定に従って各自の憲法草案を起草中の全国の結社に大きな影響を与える、と井上毅は見ていた。彼は七月一二日付の伊藤博文宛の手紙の中で、次のように記している。

「その憲法考究はすなわち福沢の私擬憲法を根にいたし候ほかこれなく、故に福沢の交詢社は、すなわち今日全国の多数を牢絡《ろうらく》し、政党を約束する最大の器械にこれあり、（中略）その主唱者は十万の精兵を引きて無人の野に行くに均《ひと》し。」（『井上毅伝　史料篇第

四』四七頁）

一方で宮中の一部の支持を得て、他方で民間の国会期成同盟の一部の支援を得ていた大隈の憲法意見を葬り去ることは、政府内の保守派にとっても容易なことではなかったのである。

†なぜ、明治憲法制定は強行されなかったのか

本節の最後で指摘しておきたいことは、井上毅の提案にもとづいてドイツ・モデルの憲法を保守派が起草したとしても、交詢社私案の〝盗作〟呼ばわりされるおそれがあったという点である。

すでに記したように、八年後に発布された明治憲法には、交詢社案を単に削除したり、修正したりしただけに見える箇所がいくつもあり、しかもそれらは明治憲法のもっとも重要な箇所であった。交詢社私擬憲法案が人々の記憶に強く残っている間は、政府内保守派もドイツ・モデルの憲法制定を強行するわけにはいかなかったのではなかろうか。

本来は大隈以上に福沢に近かった長州派参議の井上馨は、七月末に伊藤にドイツ風憲法

への転換を勧めるに際して、「あるいは大隈へ対し、いかにも彼の英憲法を排議し、ただ些少主義の変じたる憲法を持ち出すなどの説も、あるいは起るならん」と記している（『伊藤博文関係文書』第一巻、一六五頁）。内容は正反対でも、文面上の両者の相違は「些少」だったのである。有名な「明治一四年の政変」が大隈の参議を罷免しただけで、すでに井上毅の手許でほぼ完成していたドイツ風憲法の制定には至らなかったのは、このためだったと思われる。

一八八一（明治一四）年一〇月にイギリス・モデルの憲法と議会の導入を否定してから一八八九年二月に大日本帝国憲法（明治憲法）を公布するまで、七年以上の歳月がかかっている。この間に、一年半近く伊藤博文を中心とする調査団が、ドイツとオーストリアに派遣され（一八八二年三月—八三年八月）、一八八七年六月からは、その伊藤を中心として憲法草案の起草が始まり、翌一八八八年六月から八月にかけて枢密院本会議で憲法草案が審議された経緯については、よく知られている。明治政府は憲法公布までの七年余の間を無為に過ごしたわけではない。

しかし、先に記したように、一八八九年二月公布の明治憲法の骨格は、井上毅が交詢社私擬憲法案に反発して左大臣岩倉具視に憲法意見を提出した頃には、すでにできあがっていた。そのことを重視する本書では、この七年余の伊藤らの草案作りの経緯は他書に譲って、公布された明治憲法の構造と機能を編年的に、また問題ごとに検討していきたい。

第 2 章

明治憲法体制の出発
——初期議会と政党内閣

1897年、伊藤博文(右)と会談する大隈重信。この翌年、日本で最初の政党内閣・第一次大隈内閣が成立する(photo©朝日新聞社/時事通信フォト)

1 明治憲法の構造

†憲法発布

一八八九（明治二二）年二月一一日、明治憲法が発布された。七章七六条からなるこの憲法は、天皇大権が強く、議会権限のきわめて弱いものであった。

しかし、より具体的に、天皇や内閣はどういう権限をもっていたのか、あるいは、議会は何ができ、何ができなかったのだろうか。ここで、できあがった明治憲法の特徴とそのもとでの内閣や議会の権限について――本論各所での解説と重複する部分もあるが、読者の便を考慮して――、全体像を整理し、やや詳しく検討することにしたい。

まず、のちの国体論争あるいは天皇機関説論争との関連で、第一条と第四条からみていこう。第一条には「大日本帝国ハ万世一系ノ天皇之ヲ統治ス」とあり、第四条には「天皇ハ国ノ元首ニシテ統治権ヲ総攬シ此ノ憲法ノ条規ニ依リ之ヲ行フ」とある。

第一条だけならば、明治憲法は天皇主権を定めたものといえるのであるが、第四条で、天皇は「国ノ元首」でその統治権の行使は「憲法ノ条規ニ依」ると明記したために、別の解釈の余地を残すことになった。

明治末年に「天皇機関説」を唱えた美濃部《みのべ》達吉《たつきち》は、この第四条を根拠とした。天皇が「国ノ元首」なら、国のほうが天皇より上位にあることになる。そこで美濃部は主権は国家にあり、天皇はその「最高の統治機関」として憲法に従って統治するものであると論じたのである（六〇頁以下参照）。

明治憲法の制定者自身が、恣意的な天皇大権の行使をきらって、「主権」の語を避けて「統治権」の語を用い、また立憲君主制に必要な最低限の拘束を天皇に課そうとしたところから、このあいまいさが出てきたのである。たとえば憲法起草者の伊藤博文は、第四条の解説において、「統治権を総攬するは主権の体《たい》なり。憲法の条規によりこれを行うは主権の用《よう》なり。体ありて用無ければこれを専制に失う。用有りて体無ければこれを散漫に失う」と記している。

†天皇大権

第二に、第一〇条の行政大権、第一一条の統帥《とうすい》大権、第一二条の編制大権、第一三条の外交大権の規定が重要である。この四つの天皇大権のうち、もっとも悪名の高いのが第一一条の統帥大権であるが、やや詳しい説明が必要なのであとにまわし、他の三つの天皇大権からみていこう。

編制大権とは、第一二条の「天皇ハ陸海軍ノ編制及常備兵額ヲ定ム」という規定をさす。伊藤博文の『憲法義解《ぎげ》』は、「これもとより責任大臣の輔翼《ほよく》によるといえども、また帷幄《いあく》〔本営〕の軍令と均《ひと》しく、至尊《しそん》の大権に属すべく、而《しこう》して議会の干渉をまたざるべきなり」と解説している。

これを現代文でいいなおせば、陸海軍の編制と常備兵額の決定の責任は当該大臣たる陸海軍大臣にあり、それゆえに統帥部ではなく、内閣の責任事項であるが、天皇大権事項なので議会には発言権はないという意味であり、重点はあくまでも「議会の干渉をまたざるべきなり」という点にあって、陸海軍大臣だけの責任だという意味ではない。しかしこの点も解釈が確定していたわけではなく、昭和期に入ると軍部は伊藤の解釈すら否定するようになる。

この点に関連して、第五五条の国務大臣単独責任制についても触れておかなければならない。第五五条は「国務各大臣ハ天皇ヲ輔弼シ其ノ責ニ任ス」というものであり、これまで内閣の連帯責任を否定した条文と理解されてきた。もしこの解釈が正しければ、先の編制大権も責任大臣たる陸海軍大臣の専決事項になる。

しかし、各省大臣が総理大臣にではなく直接天皇に責任をもつものとすれば、内閣はバラバラになってしまう。それゆえに伊藤の『憲法義解』は、「もしそれ国の内外の大事に至《いたり》ては、政局の全局に関係し、各部の専任するところにあらず。（中略）必ず各大臣の協同に依」る、とくぎをさしている。

また憲法発布の一〇カ月後に定められた内閣官制において、重要な国務については、各省の管轄事項であってもかならず閣議の決定をへることが定められている。いいかえれば第五五条のねらいは、各大臣は議会に対してではなく天皇に対して責任をもつことを強調することにあり、重要案件については内閣全体が天皇に対して責任をもつものであった。したがって、編制大権についても、陸海軍大臣だけではなく、内閣全体の同意が必要であった。

このことは、第一三条の外交大権についても同様で、「天皇ハ戦ヲ宣シ和ヲ講シ及諸般ノ条約ヲ締結ス」というこの条文の意味は、「もっぱら議会の関渉《かんしょう》に由《よ》らず」という点にあった。もちろん外交大権の責任大臣は外務大臣であるが、外務大臣が閣議の同意なしに単独で天皇と協議して開戦・講和・条約締結を行えるわけではなかったのである。

以上によって明らかなように、統帥大権をのぞく編制大権と外交大権の規定の目的は、国防問題と外交問題にかんする議会の関与を憲法で禁じるところにあった。その意味では明治憲法は非常に反議会的なものであったが、内閣の権限は相当に大きなものであった。

†予算審議権の範囲

第一〇条の行政大権も、官制と文武官の任免と俸給とは天皇の大権に属す、としたもので、編制大権・外交大権と同様に、議会の介入を排除しようとしたものである。

しかし、これは議会の予算審議権と密接に関連するものであった。なぜならば、いくら天皇大権に属するとしても、議会が予算査定において文武官の俸給を削減してしまえば、政府は文武官の数を減らしたり、官制を改正したりしなければならなくなるからである。

考えてみれば、すでに記した編制大権や外交大権についても、議会は同様に兵糧攻めで政府を苦しめることができた。明治憲法は第六四条において、「国家ノ歳出歳入ハ毎年予算ヲ以テ帝国議会ノ協賛ヲ経ヘシ」と定めていたからである。

天皇大権と議会の予算審議権との矛盾を克服するために設けられたのが、初期の議会でたびたび問題となった第六七条である。「憲法上ノ大権ニ基ツケル既定ノ歳出（中略）ハ政府ノ同意ナクシテ帝国議会之ヲ廃除シ又ハ削減スルコトヲ得ス」という面倒くさい条文も、すでに天皇大権の内容を知っているわれわれには、そう難しくはない。

伊藤の説明によれば、「天皇の大権によれる支出、すなわち行政各部の官制・陸海軍の編制に要する費用・文武官の俸給ならびに外国条約によれる費用」で「予算提議の前にすでに定まれる経常費額」がこれにあたる。すでに決まっている官吏の数と俸給や既存の国防費などは、議会の予算審議権の範囲外とされたのである。

衆議院に代表される地主層の要求は、行政費（官吏の数と俸給）を減らして地租率を五厘下げよというものであったから（二〇パーセントの減税）、行政費を減らすのには政府の同意が必要であるという第六七条は、衆議院に陣取る政党にとっては、不便きわまりない条項であった。

しかし、用意周到につくられたこの第六七条も、実際にはそれほど政府を利したわけではない。政府は六七条費目の議会による削減はまぬがれたが、それによって守られるのは「既定ノ歳出」だけであった。しかも、政府が議会の削減に不同意を唱えたばあい、議会の予算査定は違法になるが、だからといって政府の予算原案が自動的に成立するわけではなかった。

六七条費目をめぐって政府と議会とが妥協に到達しないばあいには、全体としての予算も成立しないから、けっきょく予算は不成立になる。そのばあいには第七一条(「帝国議会ニ於テ予算ヲ議定セス又ハ予算成立ニ至ラサルトキハ政府ハ前年度ノ予算ヲ施行スヘシ」)によって前年度の予算が施行されるが、「既定ノ歳出」と前年度予算とは六七条費目にかんしては同じものになるはずである。すなわち六七条費目に対する削減に政府が不同意を表明しても、議会がそれを撤回しないかぎり、他の費目にも前年度予算が施行され、政府の新規事業には予算が全くつかなくなるのである。

このことからも明らかなように、政府は第六七条と第七一条とによって、前年度規模の歳出予算は守れるが、両条とも新規の予算増加には効力がなかった。新規事業や予算増額のばあいには、議会は、軍艦製造費であろうと官吏の俸給の増額であろうと、これを拒否できたのである。

しかし、予算歳出に対して議会ができるのはそこまでであった。自由党や改進党などの「民党」の要求は、行政費を減らして財源をつくり、そのぶん地租を軽減せよというものであったが、地租軽減に必要な行政費削減は、政府が同意しないかぎり憲法上は不可能だったのである。

予算にかんする議会側の弱点は、ほかにもあった。議会は貴族院と衆議院の二院からなっており、今日と違って両院の権限は完全に対等であった。そして貴族院は、皇族、公・侯爵の当主議員、伯・子・男爵からの互選議員、官僚経験者からの勅選議員および各府県の多額納税者一五名から一名を互選する長者議員よりなっていた。これらの華族・官僚・大地主・大実業家たちからなる貴族院が地租軽減に賛成しないかぎり、同法案は議会の段階で不成立になってしまう。

政府と貴族院は形式的には独立の機関であったから、仮に政府が衆議院の要求を入れて歳出削減に同意したとしても、貴族院が地租軽減法案を否決すれば減税は実現しない。このことを毎年くり返せば、歳出が減って歳入が変わらないのであるから、使い途のない歳入剰余が累積するだけである。たとえば、一八九四（明治二七）年に日清戦争が起こったとき、政府の手元にかなりの財源が残っていたのは、この歳入剰余のためであった。

†枢密院の役割

明治憲法の特質として、もうひとつあげておかなければならないものに、第五六条の定める枢密院の存在がある。

すでにみてきたように、統帥事項（作戦・用兵など）をのぞけば、天皇大権事項について天皇に直接に責任をもつものは内閣であって、明治憲法の定める内閣権限は、一般に信じられているよりはるかに大きなものであった。この大きな内閣の国務権限を拘束する唯一の例外は、伊藤により「内閣とともに憲法上至高の輔翼」であると定義された枢密院であった。

天皇の諮詢《しじゅん》機関である枢密院は、条約の締結や、憲法および憲法に付属する法律（議会法・選挙法・会計法・裁判所構成法）の制定や改正、および貴族院令・内閣官制・公式令・恩赦令などの勅令について、内閣の施策を拘束できる国家機関であった。ただし、本格的な政党内閣が成立するまでの時期には、重要な問題で枢密院が内閣と正面衝突することはあまりなかった。

明治憲法体制の特徴をひとくちでいえば、各種の天皇大権を設定することにより、内閣が議会の意向に留意せずに行える国政の範囲が、きわめて広かったことにあった。内閣の権限が、同じく国家機関である統帥部や枢密院によって制限されはじめるのは、議会が内閣を通じて国政を左右できるようになる政党内閣時代になってからのことである。

†統帥権の独立

明治憲法は内閣の権限を天皇大権というかたちで保障し、議会の介入を予算と一般法律とに限ったところに特徴があったが、第一一条の統帥大権だけは内閣の権限をも限ったものであり、のちに政党内閣の存続を困難にした条項として、特別の説明が必要である。

第一一条は「天皇ハ陸海軍ヲ統帥ス」という短い条文で、伊藤も、天皇を補佐する機関については何も触れていない。文字どおり天皇は「自ら陸海軍を総《す》べたまう」のである。それゆえにこの短い条文の意味を知るには、一八七八（明治一一）年の参謀本部設置以後の陸海軍官制の歴史をみなければならない。

参謀本部の前身たる参謀局は一八七四年二月に設置されたが、それはまだ陸軍省の一局でしかなく、局長も陸軍卿の山県有朋《やまがたありとも》が兼任していた。しかし桂太郎中佐が一八七八年にドイツ留学から帰国し参謀局にもどると、陸軍省から独立した参謀本部の設立が計画され、一二月に実現をみた。ただし、このときには全国六鎮台（師団）を三区に分けて統轄する監軍本部が同時に設置されたため、各師団は指揮権をもつ監軍本部と各師団の作戦を統轄する参謀本部とが、別個に天皇に直属することになった。

参謀本部が作戦だけではなく指揮権をも統轄するようになるのは、監軍本部が廃止された一八八六年の改正以後のことである。なお一八八七年、のちの教育総監部にあたる、軍人教育の元締めとしての（第二次）監軍部が設置された。

一八七八年の改正の重要性は、参謀本部と監軍本部の二つの軍令機関がともに天皇に直属したことである。たとえば参謀本部条例第七条には「オヨソ事軍令ニ関スル者ハ参謀本部長奏聞参画ノ責ニ任シ、親裁ノ後陸軍卿コレヲ奉行ス」とあり、監軍本部条例の第二条には「監軍部長ハ（中略）直チニ大纛（大本営）下ニ隷」すとあった。ここに陸軍省とは独立して天皇に直属する軍令部という機構が成立したのである。

ただし参謀本部長は前陸軍大臣山県有朋であり、監軍本部長は空席で東部・中部・西部の各監軍部長が任命されただけであったから、実質的には参謀本部が軍令の最高機関になったといってもいい。

天皇直属の軍隊という観念は、一八八二年一月に天皇の名によって下された軍人勅諭によって軍隊全体のものになった。「我国の軍隊は世々天皇の統率し給ふ所にそある」にはじまり、「朕は汝等軍人の大元帥なるそ。されは朕は汝等を股肱と頼み、汝等は朕を頭首と仰きてそ、其親は特に深かるへき」と「下一卒」まで「大元帥」の兵士であることを明らかにし、忠節・礼儀・武勇・信義・質素の五ヵ条を軍人の精神としてうたった軍人勅諭は、一九四五(昭和二〇)年の敗戦まで日本の軍隊を支配した。

このように、一八八九(明治二二)年二月に明治憲法が発布されたときには、大元帥としての天皇に直属する参謀本部と、大元帥の「股肱」としての軍人という観念が、すでに形成されていた。他の条文では、本文もしくは『憲法義解』による詳細な説明がなされているのに、明治憲法の中核ともいうべき第一一条が、本文でも『憲法義解』でもともにきわめて簡潔であった理由は、ここにあったのである。

2　憲法第六七条と「政費節減」

†地租軽減と政費節減

交詢社私擬憲法の政党内閣制を阻止するために明治憲法は第五五条で国務大臣単独責任を定めたこと、また、それにもかかわらず一八八九（明治二二）年末の内閣官制によって、重要国策については内閣の全体責任を定めていたことは、すでに記した。これによって、内閣は、いわゆる「超然内閣」となる。内閣は全員一致で「天皇」に責任を負うのであるから、「議会」に責任を負う政党内閣は、事実上認めないという意味である。

他方で、明治憲法は第一〇条で、首相や大臣の任免権は天皇にあると定めているから、天皇が政党の総裁を首相に任命することは可能で、その首相が政党員を国務大臣として天皇に推薦すれば、政党内閣が実現する。政党から「超然」とした内閣というものは、あくまで事実上の話で、憲法上の規定ではない。ただ、明治維新以来二二年間も政権を独占してきた旧長州藩や旧薩摩藩出身の藩閥政治家たちは、憲法が制定されたからといって簡単には政権を手放さなかったのである。

内閣と違って議会の方は、自由党や改進党などの反政府党が多数を占めた。一八八〇年以来の自由民権運動の中で、この両党、とくに自由党は国民の間に強い地盤を作り上げていたのである。

「国民」といっても、当時の日本の租税は土地所有者が納める「地租」が中心で、議員選挙の有権者は一五円以上の納税者に限られていたから、自作農や農村地主がその大半を占めていた。一八七四年一月の民撰議院設立建白が主張していた納税者の参政権論が農民議会として実現したのである。

富裕農民から選ばれた自由党や改進党は、彼らのために「地租」の軽減を主張した。しかし、この要求に対して政府は恐れる必要はなかった。衆議院が軽減案を可決しても、かつての大名や退職した官吏で構成される貴族院が否決してくれるからである。

しかし、政党側が地租軽減の財源作りのために唱えた「政費節減」、すなわち行政費の一〇パーセント削減の要求には苦しめられた。

明治憲法はこの要求を拒否する権限を政府に与えていた。前節でも触れた天皇大権(行政、編制、外交）に関する「既定ノ歳出」の削減には、政府の同意が必要であると定めた第六七条がそれである。この条文がある限り、衆議院の行政費一〇パーセント削減の実現は不可能であった。

しかし、衆議院の多数を握る反政府党は、奇策を思いついた。政府が六七条によって行政費の削減に応じない限り、行政費とは無関係の海軍拡張費を認めないことにしたのである。

「富国強兵」を共通目標にしてきた明治維新以後の日本では、在野党といえども海軍拡張に反対するのは本意ではなかった。しかし在野党にも言い分はあった。「富国」費にも「強兵」費にも削減を加えないで、行政費の無駄を省いて減税を行えと主張してきたのに、憲法六七条を楯にこの要求に耳を傾けなかったのは政府の方ではないか、政府の方が政策の内容ではなく憲法上の権限だけでこの正当な要求を拒む以上、在野党としても憲法上可能な予算増額の否決で対抗するしかないではないか、と反論したのである。

すでに記したように、六七条が守るのは「既定の歳出」だけである。海軍予算は行政費と同じく「天皇大権」費目ではあっても、その増額は六七条の対象にはならないのである。予算の増額を拒否できない議会制度などは当時でも考えられなかったから、明治憲法でも

第六四条で、「国家ノ歳出歳入ハ毎年予算ヲ以テ帝国議会ノ協賛ヲ経ヘシ」と定めていた。六七条は、現行の行政・国防・外交費に限っての例外規定であって、これらの費目でもその増額には議会の「協賛」が必要だったのである。ちなみに「協賛」という言葉は天皇に敬意を表した表現で、内容的には「承認」と同じ意味である。

†天皇は超法規的存在か？

行政費を削減できない議会と海軍軍拡を行えない政府とは、共に明治憲法のために苦境に立たされたのである。両者とも、憲法ではなく政治に打開策を求めなければならなくなった。

しかし、在野党の「政費節減」要求は、農民の地租軽減の財源作りのためだから、それを放棄することは減税を諦めることで、そう簡単ではなかった。政府の側も行政費を一〇パーセント削減するためには官吏の数と俸給を減らさなければならないから、容易に受け容れられることではなかった。さりとてこの問題に何らかの打開策を見つけなければ、具体的な年月が決まっているわけではなくても、近々必ず起こる日中戦争（一八九四―九五年の日清戦争）を前にして海軍軍拡を行えない。政府はもちろん在野党とて、日中戦争に負けたくはなかった。

憲法にも頼れず、政治的妥協も困難となれば、超法規的解決しかありえない。すでに憲法が施行されている以上、天皇もかつてのような超法規的存在ではなかった。しかし、明治憲法が定める天皇の地位には曖昧なところがあった。第一条には、「大日本帝国ハ万世一系ノ天皇之ヲ統治ス」とあるのに第四条では、「天皇ハ国ノ元首ニシテ統治権ヲ総攬シ此ノ憲法ノ条規ニ依リ之ヲ行フ」と記されているのである。

第一条で統治者と定められている天皇が、「統治権ヲ総攬」するのは当然で、この箇所は屋上屋を重ねるものであるが、問題は後半部分にある。第一条の天皇は絶対君主を連想させ、第四条の天皇は立憲君主に響く。この問題は次章で改めて検討するが、ここでは、この二重規定により天皇は、超法規的な存在とは言えなくても、政府と議会の調停者ぐらいにはなれた、という点である。

†和協の詔勅

ただ、憲法施行以前と違って、立憲君主の詔勅は、「和協の詔勅」であった。まず衆議院議長が天皇に上奏し、「民力休養」（減税）のために「政費節減」（行政整理）を求める衆議院の立場を説明し、憲法第六七条を楯に国民の切なる訴えに耳を傾けようとしない政府を非難し、政府と議会の「和衷協同」のための天皇の介入を求めた(二月八日)。これに対抗して翌日には、伊藤首相も衆議院の非を訴える上奏を行った。立法府の長と行政府の長の上奏を受けて、二月一〇日には天皇が両者の歩み寄りを促す次のような詔勅を下した。

「憲法第六十七条ニ掲ゲタル費目ハ、既ニ正文ノ保障スル所ニ属シ、今ニ於《おい》テ紛議ノ因タルベカラズ。但《ただ》シ朕《ちん》ハ特ニ閣臣ニ命ジ、行政各般ノ整理ハ其ノ必要ニ従ヒ徐《おもむ》ロニ審議熟計シテ遺算ナキヲ期シ、朕ガ裁定ヲ仰ガシム。

国家軍防ノ事ニ至テハ、苟《いやしく》モ一日ヲ緩クスルトキハ、或ハ百年ノ悔ヲ遺サム。朕茲《ここ》ニ内廷ノ費ヲ省キ、六年ノ間製艦費毎歳三十万円ヲ下付シ、又文武ノ官僚ニ命ジ、特別ノ情状アル者ヲ除ク外、同年同月間其ノ俸給十分ノ一ヲ納レ、以テ製艦費ノ補足ニ充テシム。

朕ハ閣臣ト議会トニ倚《よ》リ立憲ノ機関トシ、其ノ各々権域ヲ慎ミ、和協ノ道ニ由リ、以テ朕ガ大事ヲ輔翼《ほよく》シ、有終ノ美ヲ成サムコトヲ望ム。」(『明治天皇紀』第八巻、二〇六頁)

憲法施行後における天皇の権限の変化を知る上で重要な詔勅である。

第一に、天皇は議会に対して海軍軍拡の承認を命じているのではなく、「望」んでいる点である。憲法第六四条にもとづく議会の予算審議権を尊重しているのである。

第二に、「文武ノ官僚」に対しては、俸給の一〇パーセント削減を「命」じている点である。憲法第一〇条による天皇の行政大権を行使しているのである。官吏の俸給の一〇パーセント削減は、衆議院の「政費節減」要求の全面的受け容れを意味する。

第三にそれにもかかわらず天皇は政府による六七条行使の正当性は承認している。官僚の俸給の一〇パーセント削減を命じるならば、そもそも政府が議会の「政費節減」を拒絶する必要はなかったはずであるが、政府が六七条を使って「不同意」を繰り返してきた以上、天皇も政府の立場を否定するわけにはいかなかったのである。

この詔勅によって、議会開設以来二年余にわたって続いてきた予算をめぐる政府と議会の憲法論争は終結し、両者の間には協力関係も生まれてきたのである。

3 政党内閣の登場と憲法問題

†地租増徴問題と政党内閣の誕生

明治憲法の公布からわずか九年後の一八九八（明治三一）年六月末に、日本で最初の政党内閣、第一次大隈重信内閣が成立した。俗に言う隈板《わいはん》内閣である。憲法第五五条で国務大臣の単独責任制を規定し、政府としても政党から「超然」とした内閣。いわゆる超然内閣を謳ってきたにもかかわらず、衆議院に圧倒的多数を占める憲政党の内閣が、天皇によって承認されたのである。

このような憲法解釈上の譲歩を明治政府に迫った政治的原因が地租の増徴であったことは、よく知られている（拙著『明治憲法体制の確立』参照）。そして明治政府の指導者の中で、過半数政党憲政党の領袖である大隈重信と板垣退助に内閣を組織させることを主張したのは、伊藤博文であった。

もちろん憲法上の後継内閣の選任者は天皇であったが、この時には、それを一人に絞って天皇に推薦する元老の会議が、憲法上の規定のないまま成立したばかりであった（伊藤之雄『元老』）。この時の元老は、伊藤博文、山県有朋、黒田清隆、井上馨、西郷従道《つぐみち》、大山巌《いわお》の六人で、伊藤、山県、井上が旧長州藩士、黒田、西郷、大山が旧薩摩藩士である。典型的な薩長藩閥元老だったのである。この六人のうち、伊藤と井上馨を除く四人の元老は、最後まで政党内閣の成立には反対した。

四人の元老だけではなく、明治天皇自身も政党内閣の承認には抵抗した。伊藤がこれらの抵抗を押し切って、最終的には元老会議と天皇に大隈重信を首相に、板垣退助を内相にする憲政党内閣を承認させられたのは、それ以外に地租増徴を実現する途がないからであった。このことは、第三次伊藤内閣が提出した地租増徴案が衆議院で二七対二四七という大差で否決され（総議席三〇〇）、そのうち自由党員九八名、進歩党員九一名、合計一八九名だったことから、明らかである。この両党が合同して六月二二日に憲政党を結成したのを前にして、自分なら衆議院で地租増徴案を成立させてみせると言う元老は、一人もいなかったのである。

超然内閣を唱えてきた藩閥勢力としては不甲斐ないことではあったが、前節で分析した

「政費節減」問題が議会の予算審議権の問題であったのとは違い、地租増徴問題は立法権の問題であった。そして明治憲法はその第五条において、「天皇ハ帝国議会ノ協賛ヲ以テ立法権ヲ行フ」と定めていた。議会の「協賛」、すなわち同意なしに増税法案を成立させることは、藩閥政府といえども不可能だったのである。

†政党内閣か、超然内閣か

このように、日本で最初の政党内閣の誕生は地租増徴案の大差での否決の結果であるが、自由、進歩両党が合同した憲政党の内閣で地租増徴が実現する保証はなかった。増税案を否決して結成された憲政党が、増税に賛成するという想定には、無理があった。政党内閣を承認するという元老会議の憲法解釈上の譲歩は、政治的果実を生むものではなかったのである。

そうだとすれば元老会議や藩閥勢力（官僚や軍部）が、政党内閣の慣行化を認めるはずもなかった。憲政党内閣の成立は、時として政党の内閣ができても構わない、という以上の変化を持つものではなかったのである。事実、憲政党内閣が旧自由党系と旧進歩党系の内紛で閣内不一致を生じて退陣した後を継いだのは、山県有朋の超然内閣（第二次山県内閣）であった。

政治史的に見ても、一八九八（明治三一）年一一月初めに第二次山県内閣が成立してから一九一二（大正元）年一二月の第二次西園寺公望《きんもち》内閣の総辞職までの一四年間は、政党勢力のゆるやかな発達というよりは、政治の民主化の停滞といった方がいい、変化に乏しい時代であった。憲法論争にいたっては、もっと貧弱であった。政党内閣は、日本の国体や明治憲法の精神に反するのか、反対に、政党内閣は明治憲法に反しないばかりか、それに適した内閣なのかの論争は、憲政党内閣の成立と同時に世上から姿を消してしまった。

†天皇機関説

しかしその裏面では、政党内閣を正当化する憲法論が次第に影響力を増大していた。美濃部達吉の「天皇機関説」がそれである。

日露戦争終了の翌年（一九〇六年）に刊行され、ただちに発売禁止となった名著『国体論及び純正社会主義』の中で、若き日の北一輝は美濃部のことを「著しく卓越せる国家機関論者の一人」と評し、参考文献として「美濃部達吉氏、早稲田大学講義筆記」を挙げている（『北一輝著作集』第一巻、二三二頁、二三五頁）。「天皇機関説」と「国家機関論」とは同じことであるから、美濃部は一九〇六（明治三九）年以前の早大での講義で、すでに「天皇機関説」を講じていたのである。

しかし、美濃部の天皇機関説が広く世間に知られ、論議を呼んだのは、一九一二年三月に刊行された『憲法講話』によってである。当時、美濃部は東大法学部の教授ではあったが担当は行政法で、憲法学は、元老山県有朋以上に日本の国体や明治憲法の精神を重んじて天皇主権説を唱えていた穂積八束《ほづみやつか》であった。『憲法講話』の冒頭で美濃部は、同僚で先輩である穂積を明らかに念頭に置いて、次のように記している。

「我が国に憲政を施行せられてより既に二十余年を経たりといえども、憲政の智識の未だ一般に普及せざること殆《ほとん》ど意想の外にあり。専門の学者にして憲法の事を論ずる者の間にすらも、なお言を国体に藉《か》りてひたすらに専制的の思想を鼓吹し、国民の権利を抑えてその絶対の服従を要求し、立憲政治の仮想の下にその実は専制政治を行わんとするの主張を聞くこと稀《まれ》ならず。余は憲法の研究に従える一人として、多年この有様を慨嘆し、もし機会あらば国民教育のために平易に憲法の要領を講ぜる一書を著さんことを希望し居たりしも、（中略）偶々《たまたま》文部省の委嘱ありて、師範学校中学校校長教員諸氏の前に憲法の大意を講ずる機会を得たる（中略）。

本書はこの講演の速記を基礎としてこれに多少の修正増補を加えたるものなり。」（同書一―三頁。以下、本章での美濃部の議論の引用は『憲法講話』による）

ここに批判されている「専門の学者」が穂積八束を指すことは、穂積の『憲法提要』を一覧すれば明らかであるが、まずは美濃部の議論に集中しよう。

美濃部が言いたかったことは、日本国の主権者は天皇ではなく、それを構成するすべての国民の共同体である日本国家であり、天皇はこの国家という主権者が統治を行うために設けたさまざまな「機関」の頂点に位置する「最高機関」にすぎない。そして国家という主権者はその意思をこの最高機関を通して表わすのだから、それを一人の君主とするか国民全体の合議体とするかによって、国家は君主政体か共和政体かに分かれる。日本の場合は、この最高機関を天皇とする君主政体である。

しかし、天皇は国家という主権者の意思表示の代行機関ではあっても、国家の「機関」である点では「交番の巡査」と同じであるから（二四頁）、その権力は無制限のものではない。日本においても一八八九年に憲法が公布されて以後は、天皇という最高機関の意思表示や権力行使はその憲法に従って行われなければならない。もっとも、「天皇」が具体的人格を持つのに対し「国家」は非人間的な存在であるから、美濃部は「法人格」という言葉を使って「国家」に「人格」を与えている。法律上では国家は一つの人格を持った存在として扱えるというのである。

美濃部のこのような天皇機関説は、明治憲法第四条の「天皇ハ国ノ元首ニシテ統治権ヲ総攬シ此ノ憲法ノ条規ニ依リ之ヲ行フ」という規定と見事なまでに一致する。「国ノ元首」とは国家という主権者の最高機関と同じであり、それだからこそ国家という主権者が定めた国の最高法規である「此ノ憲法ノ条規ニ依リ」統治権を行使するのである。

ちなみに美濃部は本書では「主権」という言葉を使わずに「統治権の主体」という表現に徹している。ただ美濃部も、「主権という語が常に統治権と同じ意味で用いらるることは現時の一般の慣例」であることは認めている（二一一頁）。それゆえにここでは分かりやすく「主権」という言葉で説明させてもらう。

†美濃部達吉の「解釈改憲」

美濃部の天皇機関説は、穂積八束らの天皇主権説を退けるための理論で、その最難関の

第一条（「大日本帝国ハ万世一系ノ天皇之ヲ統治ス」）を、日本国家の最高機関は古来天皇一人に限られており、それは今後も変わらないという意味であるとして乗り越えている。

しかし、いくら天皇を国家の最高機関と定義し、第四条の「憲法ノ条規ニ依」り統治権を総攬する存在と定めてみても、明治憲法の認める天皇大権は広範すぎ、それだけでは「一部の人の間に流布する変装的専制政治を排する」（三頁）という目的は果たせない。彼は、この広すぎる天皇大権の行使を補佐するのが各大臣であり、その各大臣は「内閣官制」に従って重要事項については「閣議」に謀らなければならないことに注目し、一挙に政党内閣の必然性を結論する。やや強引な感じもするが明治憲法の見事なまでの解釈改憲なので、彼自身の言葉で語ってもらおう。

彼はまず内閣官制（一八八九年一二月）を使って、憲法第五五条を骨抜きにする。美濃部は次のように論じている。

「内閣は総《すべ》ての国務大臣が相集って国政のことを議する合議機関であります。法律、勅令、条約、主なる官吏の任免、そのほか、国務に関する主なる事柄は総て内閣の議を経て、総理大臣からこれを陛下に奏請して御裁可を仰ぐのであります。（中略）比較的軽微なものにつきましては内閣の相談を経ないで各主任大臣から直接に総理大臣を経て上奏するものがありますけれども、やや重大なる事については、常に内閣各大臣の相談を経てしかる後に上奏するのであります。内閣官制第五条には『左ノ各件ハ閣議ヲ経ベシ』とあって、法律案および予算案以下、七つの事項を列記してあり、なお最後に『其ノ他各省主任ノ事務ニ就キ高等行政ニ関係シ事体稍《やや》重キ者ハ総テ閣議ヲ経ベシ』と定められて居ります。」(一三〇―一三一頁)

これに続けて美濃部は、今日の日本近代史研究でも常識化している明治憲法下での国務大臣単独責任制という理解を真っ向から否定して、次のように断じている。

「人に依っては、国務各大臣は各々独立に天皇を輔弼するもので、必ずしも他の大臣と相談をする必要は無く、また総理大臣を経由する必要もないと言う人がありますけれども、それは大変な間違いであります。」(一三二頁)

戦後の日本近代史研究が、なぜ美濃部が一九一二(明治四五)年に「大変な間違い」と断じた明治憲法理解の方を支持してきたのかは、学説史上の謎である。後にあらためて記すが、一九三七（昭和一二）年に始まる日中戦争も一九四一年に始まる太平洋戦争も、陸海軍大臣や外務大臣の単独の責任で決定されたのではなく、前者は閣議で後者は参謀総長や軍令部長も含めた御前会議で決定されたのである。

†内閣の全体責任論と議会の質問権

しかし、国務大臣単独責任説を退けただけでは、政党内閣制を正当化することはできない。伊藤博文、山県有朋、松方正義らの藩閥政治家が「超然内閣」を背負った時にも、内閣内部は統一していなければならなかった。だからこそ明治憲法起草の中心にあった伊藤博文名で刊行された『憲法義解』（正式な表題は、枢密院議長伊藤博文著『帝国憲法皇室典範義解』）にも、重要国策の決定は個々の大臣の単独責任ではなく、内閣の「全体責任」であると記されているのである（岩波文庫版、八八頁）。

それにしても、明治憲法の公布からわずか二ヵ月後に、憲法起草者側の詳細な註釈が公表されるというのは、相当な透明性である。美濃部も本書において『憲法義解』にたびたび言及している。

しかし、内閣が一体となって天皇に対して責任をとる「全体責任」論は、内閣が一体となって議会に責任を持つ「連帯責任」論とは違う。美濃部は再度明治憲法第五五条（「国務各大臣ハ天皇ヲ輔弼シ其ノ責ニ任ス」）に挑戦しなければならなかったのである。「天皇ヲ輔弼シ其ノ責ニ任ス」という条文から、どうやって大臣の議会への責任を論証するのであろうか。

彼は議会の大臣に対する質問権に着目する。すなわち、

> 「大臣に質問をして答弁を求むるということは、大臣に責任があるということを前提として居るもので、もし責任が無ければ、何故にお前はかくの如き事をしたのであるかということを質問することは出来ぬ訳である。（中略）大臣以外の者に対しては議会は全く質問権を有《も》たないのはこれがためであります。」（一四七頁）

国務大臣に対する議会の質問権だけから、大臣が天皇だけではなく議会にも責任を負うと断ずるのはやや強引な感じがするが、そこから美濃部は次のように結論する。

「日本の憲法の下においては、大臣は議会に対して責任を負う者ではなく、専ら天皇に対し責に任ずる者であると言う人がありますけれども、それは大なる誤りであると信じます。」（一四五頁）

†政党内閣制は「自然の勢」である

いかにも行政法学者らしい内閣官制からする内閣の全体責任論と、議会の質問権だけを根拠とする大臣の議会に対する責任論とを結びつけると、突然のように政党内閣制が姿を現す。美濃部自身の言葉で語ってもらおう。

「国務各大臣は以上申す通り相共同して内閣を組織して内閣において国務を相談し、共同にその責に任ずるものでありますから、内閣の各大臣はなるべく同じ政治上の意見を有って居る者から組織せらるることが自然の必要であります。殊に内閣は普通の合議体のように、多数決で議決するものではなく、閣議の決定には常に全内閣員の一致を要するのである。（中略）

全内閣員が同一の政見を有すということは、政党の勢力の発達して居る国では畢竟《ひっきょう》同一の政党に属するということに帰するので、しかして政党の勢力の強い国では、したがって議会の勢力も強く、政府は議会の後援を得なければ到底国政を行うことが出来ないのでありますから、その自然の結果として内閣は議会の多数を占めて居る政党から組織せらるることになるのは、免るべからざる自然の勢であります。」（一四九―一五〇頁）

やや三段論法的に政党内閣の正当性を結論づける美濃部の主張の中で特に目立つのは、それが議会主義的にではなく、内閣制度の側から説かれていることと、「自然の勢」がことさらに強調されていることである。

†議会権限への制限と天皇大権

しかし、これは美濃部が議会主義を軽視していたからではなく、明治憲法が議会権限を制限していたからである。

このことを言い換えれば、明治憲法の下では天皇の「国法上の地位」が異常に高いということになる。美濃部は次のように記している。

「日本の憲法の下における天皇の国法上の地位を、外国殊に西洋諸国の君主の地位と相比較して、その異なる主なる点を挙げますと、大体において天皇の大権が西洋諸国の君主の大権よりも著しく広いという点に帰するのであります。」（六八頁）

具体的には、憲法の改正についての発議、皇室典範、陸海軍の編制と常備兵額、国際条約の締結、などの重要事項が天皇大権に属して、議会の参画が認められていないことなどを列挙している（六九―七二頁）。美濃部は天皇大権の広大さを正面から批判することを避け、淡々と明治憲法の特徴を記すよう努めている。しかし、これについての美濃部の批判的な信条は、行間に滲み出ている。たとえば第一三条の天皇の外交大権について次のように記している。

「外交に関しては行政の活動は最も自由でありまして、全く制限が無いといってよいのであります。（中略）すなわち外国と条約を締結するのも専ら大権に属して居ってどんな条約にも議会の協賛を要しないのである。（中略）外国の憲法には、主として日本の憲法の模範とせられた普魯西《プロシャ》の憲法でもまたは白耳義《ベルギー》の憲法でも、みな或る種類の条約については議会の協賛を経なければならぬことが規定されて居りますが、日本の憲法はそれらを模範としたにかかわらず、総ての条約について議会の協賛を経ないで定むることが出来るということに規定して居るのであります。」(八二―八三頁)

美濃部の知力を総動員しても、ここまで明確に否定されている議会権限を解釈改憲によって復活させることはできなかったのである。

†脆弱な明治憲法下の政党内閣

すでに記したように、内閣権限に関しては、美濃部は明文上の国務大臣単独責任制を、解釈改憲を通じて内閣の全体責任に、さらに国務大臣の天皇に対する責任を議会に対する責任に読み換えて政党内閣制が「自然の勢」であると主張することができた。しかし、国際条約の締結などの天皇大権に議会がブレーキを掛ける道は、どこにもなかったのである。

これは実はたいへん重要なことである。今日の内閣が議会の承認なしに、たとえば日米安保条約を改正することはありえない。しかし、戦前にはそれができたのである。

議会にできたことは、すでに記したように、そこで多数を占める政党の内閣を作ることだけであった。しかし、憲法第一〇条の天皇の行政大権によって、内閣総理大臣をはじめとする国務各大臣の任命権も、議会にはなかった。美濃部のしたとおり、内閣制度の側から政党内閣を正当化する以外に、途はなかったのである。

しかし、いくら美濃部でも、政党内閣以外の内閣を違憲とすることまでは不可能であった。そして政党が、たとえば挙国一致内閣の成立などにより政権の座を追われれば、議会は再び国際条約や宣戦・講和などへの発言力を失う。これは一九三二（昭和七）年の五・一五事件や一九三六年の二・二六事件によって実際に起こったことで、一九三三年の満州国の正式承認や一九三七年の日中戦争の勃発の時、政党は政権を失っており、議会には天皇の外交大権に介入する権限はなかったのである。

今日の日本で、衆議院の過半数を占める自由民主党の総裁が、議会の承認だけで総理大臣になれるのは、ひとえに日本国憲法のおかげである。「戦後レジームからの脱却」を主張して「戦前レジーム」に立ち戻れば、衆議院の多数党の総裁が内閣総理大臣になれるという保証はなくなり、日米同盟の強化に努めることはできなかったのである。戦前の美濃部たちの努力の上にようやく実現した「戦後レジーム」に、今日の政治家はもっと敬意を払うべきではなかろうか。

†「統帥権」と「軍政権」をどこが輔弼するか

以上に見てきたように、『憲法講話』で美濃部は、明治憲法の下での政党内閣の正当性を、手を替え品を替えて論証した。しかし憲法学者である美濃部には、悪名高い「統帥権の独立」（第一一条）を否定する途を見付けられなかった。

第一一条は、「天皇ハ陸海軍ヲ統帥ス」というだけのものである。美濃部憲法学では天皇一人の「親裁」というものは想定されていないから、この「統帥権」も天皇に代わって責任を負う「輔弼」機関はある。しかし、「統帥」すなわち軍の作戦や用兵の「輔弼」機関は、憲法起草の中心にあった伊藤博文の『憲法義解』にも明治維新に当たって天皇自身が「帷幕《いばく》の本部を設け、自ら陸海軍を総《す》べたまう」とあるように、国務大臣ではなく軍司令官である。明治国家の成立後で言えば、陸軍の参謀本部、海軍の軍令部が輔弼機関で、責任者は参謀総長と軍令部長である（前掲『憲法講話』八六―八七頁）。明治憲法を前提にする限り、美濃部といえども「統帥権の独立」には手を出せなかったのである。

ただ、この点に関しては、先の外交大権の記述のような批判的な姿勢は感じられない。後の（一九三〇年）ロンドン海軍軍縮条約の時に美濃部が主張した、「軍政権」は内閣に、

「統帥権」は参謀本部や海軍軍令部に、という棲み分けは、明治の末年にはすでに鮮明に打ち出されていたのである。再度美濃部自身に語ってもらおう。

「軍事に関しましても大権は最も自由であって、憲法上の制約を受けて居ることは極めて少ないのであります。軍事上の大権については先ず軍令権と軍政権とを区別することが必要であります。軍令権というのは軍隊の統帥権をいうのであって、これは天皇が大元帥として親しく統括したもう所であります。憲法第十一条に『天皇ハ陸海軍ヲ統帥ス』とあるのは、すなわちこの軍令権を謂うのであって、これについては全く自由で何等の制限もなく、帝国議会の協賛を要しないばかりではなく、国務大臣の輔弼をも必要としないのであります。（中略）軍政権というのは軍隊そのものの行動を指揮し統帥するの権を謂うのではなく、軍備を維持するがために臣民に向って命令を為し、国費を支出する等の権を謂うのであって、これについては一般の行政作用と同じく、国務大臣の輔弼を要しますし、その費用については一般の歳入出の予算と同様に議会の議決を経なければならぬのであります。ただこれについても憲法第十二条に『天皇ハ陸海軍ノ編制及常備兵額ヲ定ム』とあって、すなわちこれらの事を定むるには法律を必要とせず勅令

を以て定むることが出来るのであります。」（八六―八七頁）

第一一条の「統帥大権」と第一二条の「編制大権」の「輔弼機関」（天皇に代わっての事実上の決定機関）を、前者は陸海軍参謀本部、後者は陸海軍大臣と峻別できるかどうかは、昭和初年に大論争を惹き起こすことになるが、『憲法講話』が刊行された明治末年に論争の的となったのは、主権者は天皇か国家かの「天皇機関説」問題であり、政党内閣の憲法上の位置づけの問題であった。

†穂積八束の美濃部批判

美濃部が本書で批判の対象としたのは、同じ東大法学部の先輩教授で憲法講座を担当していた穂積八束であり、その主著は『憲法提要』であるが、その穂積が美濃部の批判に対する反批判を公にしたのは、『憲法講話』刊行の半年後の一九一二（大正元）年九月のことである。

雑誌『太陽』の九月号に載った「国体の異説と人心の傾向」と題する論文は、結果的には彼の最後の論文となった。穂積は九月一三日に行われた明治天皇の大葬に参列して風邪にかかり、それが悪化して一〇月五日に他界したからである。この一文は九月一三日以前に書かれたものと思われるが、その文章全体には、その死を暗示するような雰囲気が漂っている。

ただ、これは筆者個人の印象にすぎないかも知れない。その点には立ち入らず、穂積の美濃部に対する反論を見ていこう。彼は冒頭部分で次のように記している。

「問題の分かるる所は、皇位は統治権の主体なりや否やと謂うの点に存するのであって、而して皇位主権否認論が今にして流行するということは、思えば実は慷慨に堪えぬ。我が帝国を統治するの主権は万世一系の皇位に在ることは、幾千年の久しき、幾千万の多き、夢にだも忘るることなき所であるのに、今の聖世に於て白昼公然、『統治権ハ皇位ニ存セズ』と揚言し、『皇位ヲ以テ統治ノ主体トスルノハ我ガ国体ニ反スル』と謂うの異論を吐く者あるを聞くに至りては、唯唖然驚くの外はない。」（星島二郎編『最近憲法論』八〇—八一頁）

特に穂積を激怒させたのは、この「異論」が文部省主催で講演され、聴衆が全国の師範学校や中学校の教員だったことである。この講演者が美濃部で、彼の『憲法講話』がその講義ノートに加筆したものであることは、先に紹介したとおりである。穂積はこの点につき次のように記している。

「而も此の言語道断の説が文部省の権威の下に、全国師範学校、中学校の教員を召集し、法制科の講習として唱えられたということが、甚不思議である。」（同前書、八一頁）

†復古主義か保守主義か？

この点は筆者の私も、初めて美濃部の『憲法講話』を読んだ時に驚いたところである。しかし、穂積のこの一文の次の箇所にも、同様に驚かされた。

「何の時代を問わず、国体論の盛なるは慶すべきことではない。幕府の僭越ありて水府の国体論起り、遂に維新の大業に由りて大義名分を正した。又近く憲法の制定あり、国体の大本を明文に掲げ、再び疑義の余地なからしめたるに、今にして西洋の国体に心酔し、之を我に擬せんとする者あり、徒らに紛議を醸すと謂うに至りては、遺憾の極みで

ある。」(同前書、八四頁)

筆者の常識的理解は、幕末の水戸藩で起こった水戸学の「国体論」が明治中・後期の穂積八束の「国体論」に受け継がれ、昭和戦前期の「超国家主義」にいたって一九四五(昭和二〇)年の敗戦を迎えた、というものであった。しかるに当の穂積は水戸学の「国体論」は乱世をもたらし、明治維新と明治憲法の公布とによってようやく安定を見た、と論じているのである。

そう言われてみれば、穂積は保守主義者ではあっても、復古主義者ではなかったのかもしれない。彼は明治維新と明治憲法の発布とで安定した政治社会を守ろうという保守主義を唱えたので、水戸学のように古代に戻って天皇支配を復活させようという変革的な復古主義を主張したわけではなかったのである。一体過去のどの時代にあったのかわからない美しい日本を取り戻そうと唱えたのではなく、いま眼の前にある日本の政治社会を守ろうと主張したのである。「保守主義」と「復古主義」とは、似て非なるものだったのである。

†穂積八束の三権分立論

このような意味での保守主義は、彼の明治憲法理解にも貫かれている。それは三権分立としての憲法体制で、彼はいわば三方一両損の体制としてこれを説明している。

「抑々《そもそも》立憲の本旨は権力を分ち専制を防ぐと謂うのである。（中略）憲法の敵は専制の政府である。其の専制が如何なる勢力を後援とするも、専制は専制にて、我儘《わがまま》をするから、議院を設けて之を節制せねばならぬのである。外国の例を以て見れば、君主を後援として専制する政府もある。政党を後援として専制する政府もある。共に憲政の本義に反するのである。（中略）我が憲法の大義は皇位主権は言う迄もないことであるが、其政体の末に於ても、大権の独立、政府と議会との対峙、貴衆両院の同権、此の三大綱目を骨子として居る。大権の独立を維持するは皇位主権の名分を正し、大政の統一を期する所以である。政府と議会との間は分権を主持し各々独立対峙して相侵さざらしむるは、各々憲法上の権能に由りて他の権力の専制に流るるを防がんとするのである。議会は政府に対する節制の力である。政府に代わりて立法行政の両権を併存することを許さないのが、我が立権の本旨である。両院同権も右と同一の趣旨から来て居る。一院の専制を控駁するが為には、両院同権でなくてはならぬ。（中略）以て一機関の専制を防ぐ趣旨

に出来て居る。」（同前書、九二―九四頁）

一〇年前にこの一文を読んだら、御用学者の単なる明治憲法擁護論として一笑に付したであろう。しかし、多数党による少数意見の無視の連続を見せつけられた今日では、穂積の三権分立論にも妙に惹かれるものがある。国体論の流行は乱世の萌であると言い、明治憲法は天皇主権の下での三権分立を定めたものであるという穂積の主張を、保守主義としては良質の憲法解釈として理解してもいいのではなかろうか。

以上に見てきたように、美濃部と穂積の解釈は一から十まで正反対で、両者が同じ憲法の話をしているものとは思えないほどである。自然科学と違って人文社会科学では「真理」などというものはなく、今書いている筆者の明治憲法史も、一つの解釈にすぎないことはわかっている。それにしても、両者の憲法解釈の違いの大きさには驚かされる。

しかし、穂積がこの一文で指摘した「群衆心理」は、穂積はもちろん、美濃部すらも置き去りにした。

第 3 章

二大政党時代
——国体論争の再浮上

ロンドン海軍軍縮会議で演説する若槻礼次郎首席全権委員
（photo©朝日新聞社／時事通信フォト）

1 「国体論争」を乗り越えた「大正デモクラシー」

†吉野作造と原敬――大正デモクラシーを代表する思想家・政治家

一九一二（大正元）年末に始まる第一次憲政擁護運動と、一九二四年に最盛期を迎える第二次憲政擁護運動までの約一二年は、広く大正デモクラシーの時代として知られる。この時代は、ごく初期を除いて普通選挙制の実現が中心課題で、主権が天皇にあるか国家にあるかという、いわゆる「国体論争」は、政界や言論界の注目を浴びなかった。普通選挙の是非がそれに代わったのである。

この「大正デモクラシー」時代を代表する思想家が吉野作造で、政治家は原敬《たかし》である。原は吉野が唱えた普通選挙制の導入を尚早として退けたが、日本で最初の衆議院に議席を持つ総理大臣（「平民宰相」）として、吉野とは別の意味で「大正デモクラシー」を代表する存在であった。前章で触れた日本で最初の政党内閣（「隈板内閣」一八九八年）の首相大隈重信も、政友会総裁として二度にわたって政権を担当した西園寺公望も、侯爵や公爵として貴族院に席を持っていたのである。

また、普通選挙制に関しては保守的であった原敬も、天皇制に関しては美濃部の天皇機関説と同じような意見を持っていた。一九二〇年九月二日の日記に、原は次のように記している。

「何分にも参謀本部は山県〔有朋〕の後援にて今に時勢を悟らず、元来先帝〔明治天皇〕の御時代とは全く異りたる今日なれば、統率権云々を振廻すは前途のため危険なり。政府は皇室に累の及ばざるように全責任の衝に当るは、すなわち憲政の趣旨にて、また皇室の御為めと思う。皇室は政事に直接御関係なく、慈善恩賞の府たる事とならば安泰なりと思うてその方針を取りつつあるも、参謀本部辺りの軍人はこの点を解せず、ややもすれば皇室を担ぎ出して政界に臨まんとす。誤れるの甚だしきものなり（下略）」（『原敬日記』第五巻、二七六頁）

「政府は（中略）全責任の衝に当るは、すなわち憲政の趣旨」であると言うのは、まさに美濃部憲法学そのものであり、「皇室は政事に直接御関係なく、慈善恩賞の府」たるべきであると言うに至っては、今日の象徴天皇制を思わせる議論である。原敬率いる政友会内閣の下では、「国体論」の再浮上はありえなかったのである。

†高橋是清の参謀本部廃止論

原内閣の大蔵大臣高橋是清《これきよ》はさらに踏み込んで、参謀本部の廃止を唱え、その意見を印刷して閣僚や政友会幹部に配布している。この意見書の配布の是非を相談された原首相は、その日記（一九二〇年一〇月一五日）に、次のように記している。

「高橋蔵相、私見として軍国主義の誤解を去る事を意とする意見書を印刷して余に内示し、余の意見により他に配布すべしと言うにつき一読し（中略）。
高橋の意見は、参謀本部、文部省ともに廃止、農商務省を農林と商工の二省に分割する案なるが、農商務の事はともかく、参謀本部の廃止も文部省の廃止も実際は行われずして、いたずらに反対者を造るまでの事なり。（中略）とにかく私見なりとするも発表は見合わすべしと言い、高橋余の言に従えり。」（『原敬日記』第五巻、二九七頁）

先に引用したとおり原敬自身も、「統率権」を振りまわす参謀本部には批判的だった。しかし、その廃止までは考えていなかった。原敬は実現不可能な理想を口に出すタイプの政治家ではなかったのである。

原は高橋に公表中止を勧める前に、陸軍大臣の田中義一《ぎいち》にもこの意見書を読ませ、彼を通じて陸軍の大御所の山県有朋にも示している。参謀本部の廃止につき陸相や陸軍の大御所に相談するというようなことは、大正デモクラシー時代の前にも後にも考えられないことであった。政党内閣の大蔵大臣が天皇に直属する統帥部の廃止論を印刷するなどということを穂積八束が聞いたならば、怒りのあまり卒倒したであろう。穂積ではなく美濃部に聴いても、内閣には統帥事項に介入する権限はない、という意見が返ってきたであろう。

実現性の全くない理想論には筆者もあまり重きを置かないが、原内閣の大蔵大臣が参謀本部の廃止を本気で唱えていたということだけは、歴史上の事実として紹介しておきたい。高橋は次のように論じている。

「我が国の制度として最も軍国主義なりとの印象を外国人に与うるものは、陸軍の参謀本部なり。（中略）軍事上の機関が内閣と離れ、行政官たる陸軍大臣にも属せず、全然一国の政治圏外に特立して独立不羈《ふき》の地位を占め、啻《ただ》に軍事上のみならず外交上に於《おい》ても経済上に於ても動《やや》もすれば特殊の機関たらんとす。即ち在外派遣員の如きは軍事上必要なる調査研究を事とするに止まらず、時として外交及経済上の政策に容喙《ようかい》し、我が外交を不統一ならしめ、延いて国家の損害を醸したるが如き例は従来僅少ならざるなり。（中略）参謀本部の如き独立の機関を以て軍事上の計画を樹つるの必要あるなく、外は列国の誤解を招き、内は他の機関と扞格《かんかく》を来たすとせば、むしろこれを廃止して陸軍の行政を統一し、外交上の刷新を期するに如かず。」（『小川平吉関係文書』第二巻、一四〇—一四一頁）

†吉野作造の「帷幄上奏論」

すでに記したように、内閣が参謀本部を廃止するなどということは、美濃部憲法学でも不可能事であった。原敬の後を継いで高橋自身が首相になった時にも、そのようなことは試みられなかった。ただ、高橋内閣（一九二一年一一月—二二年六月）の下で、軍令権と軍政権を分け、軍政権の方は内閣が握るという美濃部憲法学の方は受け容れられたようである。

この分離に反対で、両者とも内閣の統制下に置かれるべきだと主張した吉野作造は、その「帷幄《いあく》上奏論」の中で高橋内閣の法制局長官が、議会でこの分離論を表明したことを紹介している（吉野作造『日本政治の民主的改革』一六頁）。

吉野の「帷幄上奏論」は一九二二（大正一一）年二月に東京朝日新聞に連載されたものであるが、本書では一九四七（昭和二二）年に新紀元社から刊行された『吉野作造博士民主主義論集』の第三巻に当たる前掲の『日本政治の民主的改革』に収録されたものに依拠している。

吉野のこの論文は前記の高橋是清の「参謀本部廃止論」を、憲法論ではなく民主主義論で実現させようとしたものである。注目すべきことは、吉野が普通選挙の実現と参謀本部の廃止を、日本政治の民主的改革の両輪と位置づけていた点である。彼は次のように論じている。

「一方に普通選挙制の確立が必要であると同時に、他方に政府各大臣の輔弼に由らざる国君の活動なるものがあってはならない。之が現代憲政の諸原則の中、最も大切な、最

も根本的なものとなって居るのである。」（同書、七頁）

この観点から吉野は、単に穂積憲法学（穂積の死後は上杉慎吉が代表）だけでなく、軍令と軍政を分けて軍政だけを内閣の権限内に収めようとする美濃部憲法学をも批判する。吉野はまず伊藤博文の『憲法義解』について次のように要約する。

「軍令権と軍政権とを分ち、其の一を帷幄上奏（参謀総長や海軍軍令部長が内閣を経由せず天皇に直接上奏することをいう）の範囲とし、他を大臣輔弼の範囲とするのが、憲法制定者たる故伊藤公（博文）の解釈であり、又実際の取扱を離れた政府部内の公権的解釈でもある。」（同前書、一七頁。傍点筆者）

傍点を付した箇所の意味するのは、伊藤博文名で刊行された『憲法義解』の存在にもかかわらず、「実際の取扱」では穂積憲法学が唱える軍令・軍政の区別なしの「統帥権」の独立が認められてきたということである。その意味では美濃部憲法学の実現自体が大きな政治改革であり、高橋是清の参謀本部廃止論などは、空想の世界のことになる。吉野はその美濃部憲法学を政治学的に批判して、知ってか知らずにか高橋の参謀本部廃止論の援護射撃を行ったことになる。

†憲法学の限界

吉野はまず、伊藤博文の『憲法義解』が認めた内閣による「軍政権」の掌握すらも認めずに、第一一条の統帥権も第一二条の編制権も、ともに内閣の権限外にあるとする穂積八束の後継者上杉慎吉の『帝国憲法述義』を、論外の見解として引用している。すなわち、「主権の奉行は悉く、各省大臣の管掌する所ではないのである。(中略)陸海軍の統帥及び軍の編制及び常備兵額を定むるに関する事項(中略)は各省大臣の管掌の外に在るのである」(同書、六二〇頁)という箇所である。

吉野はこの保守的解釈にわざわざ批判を加えず引用だけで片付け、次にこの穂積・上杉説を否定して「軍の編制及び常備兵額を定むるに関する事項」(憲法第一二条の軍政権)だけは内閣の権限内に置こうとする美濃部憲法学の批判に取りかかる。彼はこの軍令・軍政区別論の代表として美濃部達吉を挙げている。すなわち、

「此の立場は学界に於ても有力なる学者より裏書されて居る様だ。この好個の代表者として僕は美濃部達吉博士を挙ぐることが出来る。同博士の名著『憲法講話』の中からこの点に関する説明を引用して見よう」と。（吉野前掲書、一七頁）

これに続く『憲法講話』の引用部分は、すでに詳しく検討したところなので再引用は省略する（本書七四頁参照）。

こうして憲法学者上杉慎吉と美濃部達吉の所論を引用した上で、吉野は政治学者として、一刀両断的に憲法学の効用の限界を次のように指摘する。

「さて、上述二種の見解をならべて見るに、（一）第一の立場を取れば、現今の帷幄上奏は毫末も憲法違反ではない。即ち違憲を理由として之を責むることは出来ぬ。（二）第二の立場を取ると軍令権に就ては立派に帷幄上奏を認めるのだから、事実上帷幄上奏が軍令権以外に亘らざる限り、矢張り憲法違反の問題は起らぬ。（中略）こういう憲法論が相当通用して居る我国の事だから、僕等は此種の問題を憲法論という形で取扱いたくないと常々考えているのである。（中略）併し道理に二つはない。冷静に考えて見て、国防用兵の事は勿論の事、統帥の事だからとて、之を普通の政務から離すというのは、国権の統一的運用を著しく妨ぐるものたるやを疑わない。戦時は格別、平時に在っては、凡《すべ》ての国権は必ず同一の源泉から発動すべきは言うを待たない所ではないか。」（同前書、一八一一九頁）

†吉野作造の二大軍制改革

憲法論では軍はもちろん内閣をも動かせないとすれば、国民の関心を喚起して、その力で政治的に内閣を動かし、軍部に譲歩させるしかない。すでに記したように吉野が「帷幄上奏」の廃止を主張する理由は軍部の横暴を抑えるためで、その点では高橋是清の「参謀本部廃止論」を内閣レベルから国民一般のレベルに拡げようとしたものといえる。

具体的に言えば、吉野は「先ず〔陸海軍大臣の〕武官専任制の廃止を緊要とし、参謀本部、海軍軍令部の改革を其次とする」と主張したのである（同前書、五九頁）。吉野の参謀本部と海軍軍令部の改革とは、この両機関を陸海軍大臣の命を受けて国防用兵の事を掌る「下級機関」とすることである（同前書、二二三頁）。これと陸海軍大臣の武官制の廃止をセットとすれば、陸海軍大臣が文官になって、その文官大臣の下に参謀本部と海軍軍令部を置くこともできるから、「統帥権の独立」も軍部の「帷幄上奏」権も消滅することになる。

吉野の二大軍制改革のうち、陸海軍大臣の文官制については後に憲法学者の美濃部も主張するようになるから、実現不可能ではなかったかもしれない。しかし、参謀本部や海軍軍令部を陸海軍大臣の下位機関とすることは、よほどの民意の高まりなしには不可能であったろう。ヨーロッパ諸国と違って実質的には第一次世界大戦の惨禍を経験していなかった日本では、高橋や吉野のような反軍国主義は国民一般のものとはなっていなかったのである。吉野の『日本政治の民主的改革』を編纂した吉野俊造氏も、吉野の期待に反して、世論はこの問題にはあまり関心を払わなかったと記している（同書、三〇七頁）。

2 「大正デモクラシー」の終焉と憲法論争の再燃

†原敬の普通選挙尚早論と衆議院解散

よく知られているように原敬時代の政友会は国内政治における保守主義と対外政策における平和主義という二つの顔を持っていた。前節でやや詳しく検討した原敬や高橋是清の参謀本部批判は、後者の対外政策としての平和主義から来たものである。これに反し、同じく前節で検討した吉野作造の参謀本部批判は、彼の普通選挙論と密接に関連した国内政治の民主化の要求であった。吉野が参謀本部批判で政友会を評価せず、その国内政治の保守性を嫌い抜いたのはこのためである。時代的には前節の範囲に入るが、原と吉野の普通選挙論での対立をあらためて検討しておこう。

原敬首相は一九二〇（大正九）年二月二六日の有名な普選反対を理由とする衆議院の解散に先立って二月二〇日の閣議で、次のように述べている。

「今回憲政、国民其他より提出せし衆議院議員選挙法改正案（俗に普通選挙と称す）は、議場に於ては二十四票内外の多数にて之を否決する事を得べしといえども、単に之を否決したるのみにては今後一年間この問題を以て国民に鼓吹し、而して次の議会には一層猛烈なる運動となるべく、此時に至りて解散は彼等の恐るる所にあらず（自然の任期は来年四月に尽く）、また近来院外の示威運動は、固より新聞紙等に吹聴するが如き強大のものには非ざれども、漸次に悪化せんとするが故に、これも一年間放任せば由々しき大事に至るべし。漸次に選挙権を拡張する事は何等異議なき処にして、また他年国情ここに至れば所謂普通選挙も左まで憂うべきにも非ざれども、階級制度打破という如き現在の社会組織に向て打撃を与えんとする趣旨より納税資格を撤廃すというが如きは実に危険極まる次第にて、此の民衆の強要に因り現代組織を破壊する様の勢を作らば、実に国家の基礎を危うするものなれば、寧ろ此際議会を解散して政界の一新を計るの外なきかと思う(下略)。」(『原敬日記』第五巻、二一七頁)

この二月二〇日の閣議決定について原敬は、「この決定は秘密となし、臨機実行する事となせり」と日記に記している。二六日の衆院解散以後、種々の機会に彼自身が同趣旨の発言を繰り返しているが、ただ一点だけは、確かに「秘密」にされていた。それは翌年には衆議院議員の任期が切れるので野党も総選挙の準備に専念するから、その時に普選の是非を争点に選挙に臨むのは不利であると述べている箇所である(「自然の任期は来年四月に尽く」)。だから今議会で普選尚早を唱えて解散を断行するというのは、「党利党略」の極点である。

吉野作造の原敬批判

普通選挙運動の中心にあった思想家吉野作造は原首相の解散理由に納得できる点は一つもないとして、次のように論じているが、この「秘密」を知ったならば、なるほどと納得したかもしれない。

「原内閣が議会解散の理由として声明するところのものは、初めから変なものであった。解散当日における首相の演説に観ても、その後政友会幹部の表明せるところに観ても、殊に原首相があるいは首相の資格において、あるいは政友会総裁の資格において、その後しばしば宣言せるところに観ても、ほとんど一としてなるほどと諒解の出来るような筋の通った議論に接しなかった。もっとも原首相は理屈を言う事を嫌いな政治家と見え、議会における質問応答を見ても、何かというと、そういう講釈はここでは承りたくないなどといって遁《に》げる。普通選挙問題の際においても、首相が今井〔嘉幸〕博士その他に与えた翻弄的答弁の中にも、理屈なら学校で言え、政治家として立つなら理屈を捏ねるものでないというような態度がありありと見えておった。政治を哲学と科学とから離し、まったく行き当りバッタリで行くべき筈のものとする、他に類型のない、世界無比の畸形的政治家に向って議論に筋の通る、通らざるを責むるのは無理かも知れない。」（吉野作造「原首相の訓示を読む」『中央公論』一九二〇年四月号、岡義武編『吉野作造評論集』一五二頁による）

このように原敬の非論理性に呆れながらも、吉野は三月一八日の地方官会議での原の演説を四点に分けて、一つひとつ批判している。批判の方は省略して、閣議での原の演説と一般に公表された解散理由とを比較するために、吉野の要約だけを引用しておきたい。

「（一）昨年改正した許《ばか》りで未だ一度も実行せざる憲法付属の大切なる法律〔選挙法〕を急遽改正せんとするは憲法政治の発達を期する所以《ゆえん》にあらずとする事。

（二）納税資格撤廃の根本目的は階級制度打破にあり、従って現代の社会組織を脅威する極めて危険なる趣旨に基づく事。

（三）普通選挙は国論なり輿論なりというも、そは決して健全なる多数国民の希望と認むべからず。一部煽動者の策略に出づるものなる事。

（四）よし選挙権の拡張がいわゆる世界の大勢なりとするも、我が国の国情は戦争への直接参加によって物質上精神上偉大の変化を受けた西洋諸国と同一に律すべからず、即ち世界の大勢なりという単純な理由を以て我が国の選挙法の改正を叫ぶは謬《あやま》れる事。」（前掲『吉野作造評論集』一五四頁）

二月二〇日の閣議での原の発言とこの演説要旨とを読みくらべてみると、重なるのは第二点の「階級制度打破」による現代の社会組織への「脅威」の一点にすぎない。いいかえれば、この点こそが原敬の普選反対論の核心だったのである。

†鈴木喜三郎の「皇室中心主義」

よく知られているように、原敬の後を継いだ高橋是清総裁の下で、政友会も普通選挙賛成に方向転換し、一九二五（大正一四）年五月には憲政会、政友会、国民党の護憲三派内閣の下で、男子普通選挙制が成立した。しかし、「階級制度打破」を警戒する政友会の保守主義は、高橋の後を継いだ田中義一総裁によって受け継がれた。その典型的な表われが、一九二八年二月の日本で最初の（男子）普通選挙制にもとづく総選挙が行われる前日に行われた、田中政友会内閣の内務大臣（鈴木喜三郎）の次のような演説である。

「政友会は創立以来皇室中心主義を奉体し、現時の政綱として産業立国の外、四大政綱を掲げ積極政策を採って居るのに比し、民政党は其政綱に於て『議会中心政治を徹底せしめんことを要望す』と高唱して居るが、之は極めて穏健ならざる思想であり、神聖なる我が帝国憲法の大精神を蹂躙するものと云わねばならぬ。我が帝国の政は一に天皇陛下が総攬あらせられ、即ち皇室中心の政治であるは炳乎《へいこ》として瞭である。議会中心主義などと言う思想は民主主義の潮流に棹した英米流のものであって、我が国体とは相容れない。」（『民政』第二巻第三号、一九二八年三月、三六頁）

†上杉慎吉と政友会

原敬の普通選挙尚早論と鈴木喜三郎の「皇室中心主義」とは一見したところ無関係の主張に思える。しかし、普通選挙制成立の翌年（一九二六年）初めに書かれた保守派の憲法学者上杉慎吉の「政友会会員諸君に呈す」という一文は、両者が密接に関係していたことを明らかにしている。

彼はまず、政友会が一九〇〇（明治三三）年の創立以来二五年間にわたって、「皇室中心、国家本位」をかかげ、「既存の秩序を尊重し着実にして軽躁を排するを党風として」きたことを賞賛している。次いで上杉は、一九二〇（大正九）年二月に原敬が普選尚早解散を断行した時に、「最も政友会に信頼するの念を厚く」したとしている（『小川平吉関係文書』第二巻、二九九―三〇〇頁）。第一次大戦の直後は「詭激の思想頗る行われて、秩序を破壊するを以て新思想と為」す傾向が強かった時で、原首相が解散を以てこの潮流に抗したことを、上杉は多としたのである（同書、三〇〇頁）。

原敬のこの漸進論のおかげで、一九二〇年ではなく一九二五年に実現した普通選挙制は、依然として社会主義の脅威を内包しながらも、逆に日本の「国体」の基盤を全国民に広げる絶好の機会にもなる、政友会こそ日本国民をこの途に導く政党となるべきだ、と上杉は説いたのである。彼は次のように記している。

「普通選挙の実行は毫も危険に非ずして、却《かえっ》て社会主義を帝国に於て絶滅するの端緒たらんのみ。およそ普通選挙の実行に依り多数の無産者が投票するに至るべきが故に我が国に於て非国家主義が抜扈するに至るが如きは、大日本帝国の国体の汚辱なり。普通選挙は却て逆まに社会主義を屏息せしむるものならざるべからず。若し然らず、普通選挙の実行に依りて事実社会主義の擡頭《たいとう》を見るに至らば、即ち之れ国家主義者の努力の足らざるなり。故に不肖は政友会の国家主義に信頼し、斯の秋《とき》に方《あた》りて報国の途を誤る者に非ざることを確信す。諸君の深く思を茲《ここ》に致さんことを乞う。」（同前書、三〇三頁）

かつて原敬が危険思想を押さえ込むために、普選尚早を掲げて衆議院を解散したように、今度は普通選挙の実施の機をとらえて危険思想の克服につとめることを、政友会に求めているのである。八年間離れた原敬の普選尚早演説と鈴木喜三郎の皇室中心主義声明とは、保守的憲法学者上杉慎吉の手によって、政友会の一貫した国家本位主義の表明として位置づけられたのである。

†「統帥権干犯」をめぐる政民両党の攻防

保守的憲法学者上杉慎吉を味方につけたことは、同党のその後の民政党との対立競合に大きな力となった。その典型的な事例が、一九三〇（昭和五）年のロンドン海軍軍縮条約の締結をめぐる、「統帥権干犯」論争である。

一九三〇年四月一日に民政党の浜口雄幸《おさち》内閣は、英米日仏伊五カ国による海軍軍縮条約に調印することを閣議決定した。兵力量の決定であるから、首相は閣議決定に先立って海軍軍令部長の加藤寛治《ひろはる》を官邸に呼んで条約を内示した。これに対し加藤は即座に、「軍令部は国防用兵の責任者として米提案を骨子とする数字〔大型巡洋艦、英一四万六八〇〇トン、米一八万トン、日一〇万八四〇〇トン〕は計画上同意し難き旨」を「明言」した（『続・現代史資料5　海軍　加藤寛治日記』九四頁〔一九三〇年四月一日〕）。

浜口首相はその後でアメリカ提案の条約案への調印を閣議決定し在ロンドンの日本全権に通知し、翌二日には現地で英米日三国間での合意が成立した。軍令部長の反対を知った上でのことである。これに対し加藤も、前にやや詳しく説明した「帷幄上奏権」を行使して、海軍軍令部の意見を天皇に上奏した。内閣と軍令部の正面衝突で、「統帥権干犯」批判が起こった原因である。

しかし、この「帷幄上奏」で軍令部長は政府案に不同意を表明したわけではない。加藤軍令部長の上奏文の結論部分は、次のようなものであった。

「今回の米国提案は勿論、其の他帝国の主張する兵力量及比率を実質上低下させしむるが如き協定の成立は、大正十二〔一九二三〕年御裁定あらせられたる国防方針に基く作戦計画に重大なる変更を来すを以て、慎重審議を要するものと信じます。」(『太平洋戦争への道　別巻資料編』四八頁)

元老西園寺公望の周辺では、この加藤の上奏文を「この上奏は上奏せんがための上奏で頗る無意味なもの」と冷評している(『西園寺公と政局』第一巻、三八頁)。しかし加藤は、英米の要求と自国の海軍の主張とに天皇が板挟みになるのは避けようと、自重に自重をかさねたのである。四月四日に国民大会代表として頭山満《とうやまみつる》らが強硬態度を採ることを加藤に申し入れた時、彼は次のように答えている。

「加藤はその職責の命ずる処《ところ》に従い所信を以《もつ》て進んで居ります。(中略)ただ御深慮願《ねがい》度事《たきこと》は、本件は国防の重大事の外、外交上また重大問題を伴うておる。最慎重にせんと累を上御一人に及《およぼ》す恐れあり。」(前掲『続・現代史資料5　海軍　加藤寛治日記』九四頁)

彼は、海軍軍縮条約の問題は、憲法上単に第一二条の天皇の編制大権に係るだけではなく、第一三条の天皇の外交大権に係るもので、前者の輔弼責任者は海軍軍令部長でも、後者のそれは外務大臣であることを心得ていたのである。ロンドン軍縮条約への調印が「統帥権の干犯」であるという非難は、海軍軍令部から起こったものではなかったのである。
当時の政治評論家馬場恒吾《つねご》は、「統帥権干犯論」は在野党の政友会から起こったと記している。条約調印の約三年後の一九三三年の雑誌『中央公論』で、馬場は次のように記している。

「人の知る如く、ファッショの擡頭《たいとう》した原因の一つは、倫敦《ロンドン》軍縮会議に関連している。かれらは、この軍縮会議に於て日本は不当に譲歩した。また、この軍縮条約を調印するに際して、民政党内閣の浜口首相が採った行動は、兵力量の決定に関する大権を干犯したというのであった。それは後にファッショ勢力のスローガンに発展したのであるが、その当時主にそれを主張したのは政友会であった。」（『中央公論』一九三三年八月号、七一―七二頁）

†美濃部憲法学VS上杉憲法学

すでに記したように、穂積憲法学はもとより美濃部憲法学でも、軍縮に関する国際条約の調印や批准について衆議院に諮ることは不要である。当然ロンドン条約調印の前に衆議院を召集する必要もない。

ただ、少数党内閣だった浜口内閣は前年一二月に召集された通常議会を解散し、与党選挙で衆議院の多数を握る必要があった。二月二〇日に行われた総選挙で、計算どおり与党民政党が過半数を獲得した。

憲法第四五条は、議会解散（一月二一日）から五カ月以内に特別議会を開くことを義務づけていたから、ロンドン条約の調印前でも後でもいいけれど、いずれにせよ枢密院による批准以前に衆議院を開会しなければならなかった。浜口内閣は、この議会での施政方針演説が同条約調印後になることを選んだのである。議会召集日は同条約調印の前日であったが、「召集」ではなく「開会」は四月二五日、すなわち条約調印の三日後であった。

内閣はこの議会で条約を審議する必要はないが、条約調印の趣旨を国民に伝えるのには、施政方針演説で「成果」を説明するのが一番便利である。官報号外で翌日には公表される首相や外相の施政方針演説は、新聞などによって広く国民に報道されるからである。

ただ反対党の代表質問も同様の効果を持つ。もちろん条約審議権は衆議院にはなく、しかも同条約はすでに調印されているから、在野党の条約批判は対外的な意味はない。しかし、国内世論には大きなアピール力を持つ。野党第一党の政友会は、この点に力を入れた。同党は先に与党時代に憲法学者上杉慎吉の教えを容れて「皇室中心主義」を高唱したが、今回は同じく天皇の軍事大権に関する上杉憲法学の解釈に依存したものと思われる。同党を代表して質問に立った鳩山一郎の精緻な憲法論を紹介する前に、この問題についての上杉の解釈を見ておきたい。なぜならば、ロンドン軍縮をめぐる民政党の浜口内閣と野党政友会との対立は、同時に美濃部憲法学と上杉憲法学の対立でもあったからである。

†上杉慎吉の「軍事大権」理解

一九二四（大正一三）年に刊行された『新稿憲法述義』の中で、上杉は「統帥権の独立」（第一一条）は他国にもあるが、陸海軍の「編制及《および》常備兵額」の決定も内閣から独立して天皇に属することこそが「我が憲法の一特色」であるという注目すべき解釈を展開している。

「諸国の憲法は概ね国王又は大統領を以て軍隊総指揮権を有する者と為すを常とすと雖も、軍隊の編制及常備兵額を定むることをも天皇の大権たらしめたるは、我が憲法の一特色なり。」（同前書、六二六頁）

この点を強調するため上杉は、統帥、編制の両天皇大権を一つにして「軍事大権とも云う」と記している（同前書、六二五頁）。

上杉は、統帥大権や編制大権を論ずる前提として、これらを特に「憲法上の大権」と呼んで天皇大権一般と区別して、天皇が単に決定可能な条項ではなく、必ず天皇自らが「親裁」しなければならない事項であるとしている。すなわち、「憲法に於《おい》て天皇之を行うと定め、親裁専行を要件としたる事項を、憲法上の大権事項と云う。（中略）又之を憲法上の親裁事項と云うも可なり」と（同前書、六一七―六一八頁）。

もっとも、この「親裁」に際して国務大臣が天皇を「輔弼」し、枢密顧問官が天皇の「諮詢」に答えることは、上杉も認めている。ただ、それは天皇に代わって行うのではなく、いわば天皇の相談相手として行うものであった。

問題はこの相談相手の一例として、上杉が「陸海軍の統帥の為めに陸軍参謀本部、海軍軍令部を置」くことを挙げている点にある（同前書、六一九頁）。これによれば、陸軍参謀本部と海軍軍令部とは、天皇が「憲法上の大権」行使のために設けた機関となる。

このことだけなら特に問題はないが、先に記したように上杉は憲法第一一条の統帥大権と第一二条の編制大権とを一体のものとして「軍事大権」と位置づけていた。そうだとすれば、参謀本部と海軍軍令部は「陸海軍の統帥の為め」に限らず、〝陸海軍の編制及常備兵額の決定の為め〟に天皇が特に設置した機関となり、ロンドン海軍軍縮条約は、天皇が海軍軍令部と相談して決めることになる。もちろん軍縮条約も国際条約であるから外務大臣とも相談して決定されるが両者は対等な関係にある。

上杉憲法学によれば、海軍軍令部長の加藤寛治が不同意を表明していた同条約を浜口内閣が調印したことは憲法違反になるのである。その上杉が、すでに明らかなように、憲法問題に関しては政友会と密接な関係を持っていた。

†鳩山一郎の代表質問

もっとも、政治家の憲法理解は、戦前においても、かなり大まかなものであった。浜口内閣の海軍軍令部無視を衆議院で批判した鳩山一郎も、上杉憲法学を正確に理解していたわけではない。わかっていたのはただ、統帥権も編制権も輔弼責任者には区別がなく、共に参謀総長か海軍軍令部長であるということだけであった。浜口内閣に対する野党政友会の代表質問として行われた四月二日の演説で、鳩山は次のように述べている。

「一般の政務、これに対する統治の大権については内閣が責任を持ちますけれども、軍の統帥に関しての輔弼《ほひつ》機関は内閣ではなくして、軍令部長又は参謀総長が直接の輔弼機関であると云うことは今日までは異論がない。(中略)而して用兵と国防の計画を立てると云うことが、憲法第十一条の統帥権の作用であるかと云うことを考えますれば、参謀本部条例又は海軍軍令部条例に二つのものを同じく規定して居る趣旨からして、共に憲法第十一条の作用の中に在ると云うことは議論はないのである。果して然らば、政府が軍令部長の意見に反し、あるいはこれを無視して国防計画に変更を加えたと云うことは、洵《まこと》に大胆な措置と謂わなくてはならない。」(『帝国議会衆議院議事速記録』第五四巻、二六頁)

「用兵」はもちろん「憲法第十一条の統帥権」であるが、「国防の計画」の方は憲法第一二条の「編制及常備兵額」に関する天皇大権で、「統帥権」ではない。鳩山の主張は憲法解釈として通用しないばかりではなく、「統帥」という言葉を誤解したものである。一知半解の極みであるが、それが後にファシストの常用語となったのである。

†美濃部の「編制大権」註釈

もっとも、ロンドン海軍軍縮条約調印の時点では、保守派の上杉も、これから紹介する進歩派の美濃部達吉も、さらには海軍青年将校の中心人物だった藤井斉《ひとし》も、そのような議論をしていたわけではない。まず美濃部から見ていこう。

美濃部は一九一二(明治四五)年刊の『憲法講話』以来一貫して、第一一条の統帥権は諦めて、第一二条の編制権は軍部ではなく内閣の管轄下に置くための憲法論を展開してきた。彼の言葉を使えば、前者の「軍令」は参謀本部や海軍軍令部に、後者の「軍政」は、首相と各大臣で構成される内閣の支配下にあるとする憲法解釈である。先に検討した上杉慎吉が、「統帥権」が国王に直属するのは君主制の国では当たり前で、第一二条の「編制権」も天皇に直属することにこそ、明治憲法の特徴があるとしたのと正反対の関係にある。

美濃部は『憲法講話』の改定版として、一九二七（昭和二）年末に『逐条憲法精義』を刊行した。「逐条」の名の通り、条文ごとに彼の註釈を加えたもので、伊藤博文の『憲法義解』の向こうを張ったものである。本書は刊行時期が一九二七年末ということもあって、一九三〇年のロンドン軍縮条約の調印に大きな影響を与えた。重複を避けて第一二条の編制大権の美濃部解釈だけを記しておこう。

「第十二条　天皇ハ陸海軍ノ編制及常備兵額ヲ定ム。

解説　本条の大権は統帥権とは異なり、帷幄の大権に属するものではなく、政務上の大権に属することは勿論であり、随って内閣がその輔弼の責に任ずべきものである。唯前条の解説に於いて述べた如く、内部的編制、軍隊内部の教育及び紀律の権は、統帥権に包含せらるるものと見るべきであって、随って本条の所謂『編制』は専ら外部的編制を意味するものと解すべきである。

軍隊の編制及び常備兵額に付いては、外国に於いては概ね法律を以て之を定むるを要するものと為し、時としてはイギリスの如く毎年議会の議決を要するものと為して居るものが有るが、わが憲法は之を天皇の大権に属せしめ、議会の議決を要しないものとして居る。但し官制〔行政〕大権が法律及び予算に依って制限せらるると同様に、本条の大権に付いても、議会の予算議定権に依り間接に制限を受くることは勿論である。

陸海軍の編制及び常備兵額を定むる命令は、必ず勅令であることを要し、軍令を以て之を定むることを得ない。何となれば軍令は統帥権に基く命令であり、而して本条の大権は統帥権の外に在るものであるからである。但し内部的編制に付いては軍令を以て定め得べきことは前条に述べた通りである。」(『逐条憲法精義』二六二—二六三頁)

「内部的編制」と「外部的編制」の区別以外には、ここで美濃部が記していることは明快であるが、同時にその意味するところはきわめて重要である。まず「内部」、「外部」の違いを明らかにして、その内容の検討に入りたい。

実は両者の相違は「外部的編制」の説明だけで明らかになる。美濃部によれば「外部的編制」とは、「何個師団を設置すべきか、一師団を構成する人員を如何にするか、航空隊その他の特殊部隊をどれだけ設置すべきかという如き、軍隊の大体の構成に付いての定めを謂うもの」である(同前書、二五九—二六〇頁)。そうだとすれば「内部的編制」なるものは国政全体に関わらないごく些細な軍隊限りの「編制」であることは、おのずから明らかになる。

「外部的編制」がこのようなものであることを念頭に置いて、全文を引用した美濃部の第一二条の註釈を読めば、その重大さに改めて気づかされる。

†明治憲法の欠陥条項

日本近代史研究における常識は、一九〇七(明治四〇)年策定の帝国国防方針などによって参謀本部長や海軍軍令部長が天皇の裁可を得た国防計画(たとえば陸軍は二五師団、海軍は戦艦八隻、巡洋艦八隻の八八艦隊)をもって「常備兵額」とするものである。この「常備兵額」をどこまで認めるかについて内閣と海軍軍令部が権限争いをしたのが、有名なロンドン海軍軍縮条約をめぐる「統帥権干犯」問題である。先にも引用したように、この条約について海軍軍令部長の加藤寛治が行った帷幄上奏文の中にも、「今回の米国提案は(中略)、大正十二年御裁定あらせられたる国防方針に基く作戦計画に重大なる変更を来す」ことが強調されている。

しかるに美濃部の第一二条註釈においては、「常備兵額」は「勅令」によって定められなければならないから、内閣が関与していない「国防計画」は、そもそもその根拠にはなりえない。加藤の「帷幄上奏」には、憲法上の根拠は全くないことになるのである。内閣の閣議決定を経て勅令として発令された国防方針などは存在しなかったから、美濃部の解釈によれば、正式に決まった「常備兵額」というものも存在しなくなる。

上杉慎吉の『新稿憲法述義』(一九二四年刊)と美濃部達吉の『逐条憲法精義』(一九二七年刊)とを読みくらべていると、二つの著作が同じ憲法について論じているとは思えないほどの相違がある。ことによると憲法第一二条は、明治憲法の致命的な欠点だったのではなかろうか。

先に紹介した吉野作造の憲法学批判は、「憲法学」だけではなく、憲法そのものに対する批判だったのかも知れない。吉野は、上杉憲法学と美濃部憲法学を共に否定した上で、「道理に二つはない。冷静に考えて見て、国防用兵の事は勿論の事、統帥の事だからとて、之を普通の政務から離すというのは、国権の統一的運用を著しく妨ぐるものたるやを疑わない。(中略)凡《すべ》ての国権は必ず同一の源泉から発動すべきは言うを待たない所ではないか」と述べていた(本書九〇―九一頁参照)。

これを言いかえれば、第一一条と第一二条は、明治憲法の欠陥条項になろう。しかし、欠陥条項であろうと憲法条文として現に存在している以上、その解釈をめぐる論争には

「解」はない。

†浜口雄幸の憲法論争回避

二つの憲法学の対立は、一九三〇（昭和五）年四月のロンドン海軍軍縮条約の調印をめぐって、与党民政党と野党政友会との衆議院での対立に発展し、さらには新聞雑誌を通じて国論を真っ二つに分裂させた。

浜口首相自身は野党政友会の批判を聞き流し、憲法問題に巻き込まれるのを回避しようと努めた。彼は民政党の議員総会で次のように報告している。

「形式論としては統帥権問題が繰り返された。即ち政府と軍部との関係に於《おい》て憲法第十一条と第十二条との解釈問題が論議されたのであるが、吾々のこの問題に対する立場は、抽象的の憲法論をするの必要を認めず、依ってその答弁を与えなかったのである。ただ、問題の要点、結論として申し述べたことは、ロンドン条約に調印する場合に於て、条約の中に包含せる帝国海軍の兵力量に関しては、軍部の専門的意見を十分斟酌《しんしゃく》し、然る上に政府が之《これ》を決定した。既に政府が決定した以上は其の責任は政府がとるのである。其の決定に関し憲法第何条に因《よ》ったかと云う如き憲法上の学究的論議は、銘々の研究に委《まか》すべきもので、吾々には其の暇はないのである。」(『民政』第四巻第六号〔一九三〇年六月一日〕、三頁)

憲法論争を「学究的論議」に閉じ込めたいとする浜口の気持がよく伝わってくる演説である。

†軍部の同意は絶対の要件ではない

しかし、憲法論争の一方の雄であった美濃部達吉自身が、『中央公論』や『改造』などの総合雑誌だけではなく、民政党の機関誌上で、条約調印の憲法上の正当性について論筆をふるった。浜口が「憲法上の学究的論議」は議会答弁では避けたと報告したのと同じ号の『民政』誌上で、美濃部は次のように論じている。

「わが憲法は他の総ての立憲国に於けると同様に、責任政治の主義をとるもので、国の一切の政治について責任者あることを要求し、而してその責任は国務大臣が専らこれを負担すべきものとして居る。一国の兵力の分量を定むることは、国の政治の最も重要な作用の一つであって、それについての全責任が国務大臣に帰属することは、わが憲法の主義とするところであることは、いうまでもない。国務大臣が勅裁を仰ぐに当っては、外部の意見を参酌し得ることは勿論であり、中にも軍部の意見は最も尊重すべきことは当然であるが、然しそれは要するに参酌たるに止まり、その同意を得ることが絶対の要件ではあり得ない。」(『民政』第四巻第六号、三七―三八頁、傍点筆者)

ここで美濃部は浜口が回避した憲法解釈を正面から打ち出しており、しかもそれによれば海軍軍令部の意見は「外部の意見」にすぎず、「その同意」は「絶対の要件ではあり得ない」と明言している。これでは民政党が海軍に喧嘩を売っているに等しい。

しかも美濃部はこれに前後して刊行された雑誌『改造』の六月号に載せた論文では、陸海軍大臣の文官制の提唱まで行っていた。すなわち、「政府をして真に独立の政治上の見地から、軍部の意見に拘らず兵力量を定め得べからしむるには、軍部大臣の武官制を撤廃するより外《ほか》、途は無い」と(美濃部達吉『議会政治の検討』所収、一三八頁)。

†海軍青年将校・藤井斉

これら一連の美濃部の議論は、軍縮条約調印を憲法論争から切り離そうとした浜口首相の努力を無に帰した。当時すでに国家改造をめざして活動を開始していた陸海軍青年将校運動の指導者は、陸海軍大臣の文官制も含めて、美濃部の主張を浜口民政党内閣の立場を代表するものと、おそらくは故意に誤解して、政党内閣打倒の決意を強めた。海軍青年将校運動の中心的指導者で、陸軍側とも連絡のあった藤井斉（海軍中尉、霞ケ浦航空隊）は、九州の同志（陸軍中尉菅波三郎か？）に宛てた五月八日付の手紙で、次のように論じている。

「軍縮問題は天の下せる命運であった。（中略）議会中心の民主主義者が明かに名乗りを上げて来たのである。財閥が政権を握れる政党政府、議会に対して国防の責任を負うと云うし、浜口は軍令部、参謀本部を廃し、帷幄上奏権を取り上げ、軍部大臣を文官となし、かくて兵馬の大権を内閣即ち政党の下に置換えて、大元帥を廃せんとする計画なり。今や政権は天皇の手を離れて、最後の兵権まで奪わんとす。」（『現代史資料4　国家

主義運動（一）』五三頁）

確かに美濃部はこれに近い言論を繰り返していたが、浜口首相は軍部を刺激するような言動は慎んでいた。藤井斉も十分にそれはわかっていたようである。彼はこれに続けて次のように記している。

「不逞逆賊の政党（財閥）、学者、所謂《いわゆる》無産階級指導者、新聞、彼等は天皇を中心とせる軍隊に刃を向け来った。戦は明かに開始せられた。国体変革の大動乱は捲き起されつつある。我等は生命を賭して戦い、彼等を最後の一人までもやっつけなければならぬ。」（同前書、同頁）。

ここでは浜口首相だけではなく、野党政友会も訂正を申し入れたくなるであろう。海軍軍令部の立場を衆議院で明らかにし、浜口内閣を非難した政友会のことは全く無視されているからである。二年後の五月一五日に、浜口雄幸ではなく犬養毅が、民政党ではなく政友会が、海軍青年将校の標的になったことを説明するような一文である。

†軍縮（第一二条）と侵略（第一一条）

藤井斉の意気込みにもかかわらず、海軍軍縮条約は浜口首相の一身を犠牲にした努力によって、国論を二分する大問題にはいたらなかった。すなわち、一九三〇（昭和五）年七月二三日には海軍軍事参議官会議を、一〇月一日には枢密院本会議を通過して、一〇月二日の天皇の裁可を得て同条約の批准を終えた。さらに両会議の注文も組み入れた予算案の閣議決定も終えた。一一月一四日に天皇臨席の下に岡山で行われる陸軍大演習に出席のため東京駅を出発しようとする寸前に右翼の一青年の銃弾に倒れた時、浜口はロンドン条約関係のすべての仕事を仕上げていたのである。

浜口の入院が長期化したので翌三一年四月に、同じく民政党を与党とする第二次若槻礼次郎内閣が成立した時には、軍縮条約問題はすでに完了していた。

しかし、若槻内閣はもう一つの憲法問題、すなわち第一一条の天皇の統帥大権の方に苦しめられ、それが主因となって総辞職に追い込まれた。一九三一年九月一八日に始まる満州事変がそれである。

すでに記したように、第一二条と異なり第一一条の統帥権に関しては、上杉慎吉はもちろん、美濃部達吉も、その「独立」を承認していたから、若槻内閣は直接に関東軍の行動に中止命令を出すことはできなかった。同内閣の幣原喜重郎外相は、陸軍大臣の仲介で参謀総長に、関東軍の行動範囲の拡大を抑えるよう依頼することしかできなかったのである（拙著『近代日本の外交と政治』二〇四頁）。

参謀総長は電話で外相にそのようなことはないと保証し、外相はその旨を駐日米大使経由でアメリカの国務長官ヘンリー・スティムソンに伝えた。幣原外相はその際に極秘扱いを条件にしたが、アメリカ国務長官にはこの条件は伝わらなかった。そのためスティムソンは新聞記者会見で日本の参謀総長が外相を通じて関東軍の行動拡大の阻止を約束したと公表したために、若槻内閣は陸軍に対する拘束力を失い、それが主因の一つとなって内閣は総辞職に追い込まれた（前掲拙著、一九二頁）。アメリカ国務長官の大失策には違いないが、より本質的には日本政府に「統帥権」がなかったことに原因する事件である。

†ロンドン海軍軍縮条約と五・一五事件

日本近代史研究では「十五年戦争」という言葉がよく使われる。一九三一（昭和六）年の満州事変が一九三七年の日中戦争に拡大し、さらには一九四一年から四五年まで続く対英米戦争に発展したとするもので、その間約一四年で、語呂をよくして「十五年戦争」と呼ぶのである。事実は確かにそうである。しかし、その中で憲法第一一条の統帥権の独立によって引き起こされたのは満州事変だけであり、日中戦争は内閣の閣議によって、対英米戦争は内閣に陸海軍参謀本部長を加えて天皇の臨席の下に開かれた御前会議で決定された。共に憲法第一三条の天皇の外交大権によって決定されたのである。

そうだとすれば、戦争への道は国内政治体制のありようによっては、防ぐことができたはずである。ロンドン海軍軍縮条約の調印後に海軍青年将校運動の中心人物だった藤井斉が怒りに狂ったような内閣がもう一度作れれば、戦争への道は防げたはずである。藤井が描いた一九三〇年の浜口内閣は、「軍令部、参謀本部を廃し、帷幄上奏権を取り上げ、軍部大臣を文官となし、かくて兵馬の大権を内閣即ち政党の下に置換」えようとするものであった（本書一一七頁参照）。「兵馬の大権」を握るような政党内閣がもう一度できれば、現地軍の暴走が大戦争になるのは防げたはずである。

言うまでもなく、そのような期待に止めを刺したのは、一九三二年五月に海軍青年将校や陸軍士官候補生が起こした五・一五事件である。倒されたのは民政党内閣ではなく政友会内閣で、殺されたのは浜口雄幸ではなく犬養毅であったが、計画段階での目標は浜口であり民政党であった。そして、同じ青年将校運動でも陸軍の主流派は、満州事変に肯定的な犬養政友会内閣をテロの対象とすることに反対して、運動から身を引いた。政友会の立場から言っても、ロンドン軍縮当時の衆議院で海軍軍令部の主張を全面的に支持した同党が、他ならぬ海軍青年将校のテロの対象となったことは、心外の極みであったろう。

しかし、政党政治の側からみれば、民政党内閣ではなく政友会内閣がテロで倒されたことは、致命的であった。五・一五事件以後一九四五年の敗戦まで、その後は一度も政党内閣が出現しなかったという事実が、それを端的に示している。

反軍縮で対外侵略肯定の政友会内閣でも、それが続いている限りは、総選挙の結果次第では、平和と民主主義を掲げる民政党内閣ができる可能性はあった。しかし、政友会内閣が海軍青年将校運動によって倒されたために、リベラルな政党だけではなく、政党政治そのものが否定されてしまったのである。そして、この日本政治に大きな影響を与えた五・一五事件は、それが起こった一九三二年でも、その前の一九三一年でもなく、約二年前の一九三〇年にロンドン海軍軍縮条約の調印をめぐって生じた一大憲法論争に直接結びついたものであったのである。

第 4 章

挙国一致内閣
——憲法の機能不全

天皇機関説をめぐり貴族院本会議で演説する美濃部達吉
（photo©毎日新聞社／時事通信フォト）

1　憲法学者美濃部の憲法放棄

†政党内閣慣行の終焉

五・一五事件で政党内閣慣行が終わりを告げた一九三二（昭和七）年以後、日本は一種の無憲法状態に陥った。

一八八九（明治二二）年の憲法公布以後の数年間藩閥政府が守ろうとした「超然主義」は、政党内閣を否定するものではあったが、憲法政治を否定するものではなかった。第2章で検討した保守派の憲法学者穂積八束が主張したとおり、超然主義は明治憲法の定める議会の権限は認めるが、同じく憲法が定める政府の権限は政党には渡さないというもので、行政権と立法権の間での独得の三権分立の立場に立つものであった。政府と衆議院と貴族院が各々の一権を握るのである（本書七九頁参照）。

政党内閣時代の到来は、この三権分立のうち政府と衆議院とが一つになるので、貴族院の抵抗はあっても、政府の権限は超然内閣時代よりも強くなった。第3章で検討したロンドン海軍軍縮条約の締結に際しての海軍の敗北がそれを示している。

しかし、政党内閣の下では、内閣は反対党によって政権を追われうるので、個々の政党内閣の専制度合いはそう高くはなかった。

たしかに、憲法上は政権交代は天皇の指令で行われるし、事実においても天皇によって選ばれた政党が政権についてから衆議院を解散するのが一般であった。しかし、解散後の総選挙ではほぼ確実に「民意」が表明された。〝わが党内閣〟による総選挙だから与党が多数を占めた、というのは単なる俗説にすぎない。元老（西園寺公望）が後継首相を一人に絞って天皇に推薦した時に、すでに解散、総選挙での民意の意向を読み込んでいたと言った方が正確である。

しかるに五・一五事件の後で政党内閣に代わって登場した海軍退役将官の斎藤実《まこと》の挙国一致内閣に対しては、民意が働く余地がなかった。過半数政党の政友会も、少数野党だった民政党も、この内閣を支持して閣僚（政友四、民政三）を送っていたからである。

†挙国一致内閣批判

挙国一致内閣の下では、議会の解散はありえない。どの党が勝っても与党の勝利であるから、総選挙に打って出る意味がない。議員任期の四年間は選挙がないのである。そればかりではなく、議会の意味もなくなる。当時の政治評論家馬場恒吾は、この点を次のように指摘している。

「平時の議会政治の長所は、結局の所に於ては、政党が政府党と反対党に分れて相争う所にある。例えば政友会と民政党が反対の主張をして議会に於て、或は議会外に於て、互に論難攻撃する。かれらの議論に傾聴するに足るものがあるかないかは別として、兎も角もかれらが反対の立場に立って公然議論を闘わす場合には、少くともその二つの主張の中間に於ては如何なる議論を立ててもよい。即ちそれだけ言論の自由の幅が存在するのである。

然るに現在の言論の自由はただ一線あるのみで、横の幅は少しも存在しない。政府が何か云う。政友会も民政党も共に政府を支持しているのであるから何ら異論を唱えない。

この国論統一は挙国一致内閣の強味であるが、同時に国家の弱味である。」（『中央公論』一九三三年八月号、七〇頁）

約一年後に斎藤実の挙国一致内閣が退陣し、同じく海軍退役将官の岡田内閣が成立したが、今回は過半数政党の政友会が閣僚を送らずに野党の立場を鮮明にした。挙国一致内閣ではなくなったのである。この時『東洋経済新報』の石橋湛山《たんざん》は、それが挙国一致でないことを歓迎して、次のように論じている。

「岡田首相が元来穏健着実の思想の持主だと云うくらいの事を頼りにして、政治を之に任せ安心している日本国民は、酷評すればまことにお芽出度いと云わねばならない。記者〔石橋湛山〕は今の我国の諸政党に大なる不満を抱くことにおいては、恐らく誰にも劣るまい。併しそれでも、何をするのだか判らない軍人官僚に不見転《みずてん》で政治を托《たく》すよりは、悪くも平常において政綱政策を明《あきら》かにせる政党に之を委すの遥かに安心なるを感ずる者である。岡田内閣の成立は既に出来た事だから致し方がない。併し次には是非政党内閣が出来るよう、国民は願うべきだ。それには既に述べた如く、岡田内閣が所謂《いわゆる》挙国一致でなかったことが幸だ。在野党として政友会の存することは、即ち次期内閣が政党に廻る第一の条件を先ず作ったものだからである。」（『石橋湛山全集』第九巻、五八頁）

「小日本主義」を掲げて満州事変を公然と批判してきた石橋湛山が、それを公然と支持した政友会を好きだったはずはない。その湛山がそのことに眼をつぶって、たとえ政友会の内閣でも「挙国一致内閣」よりは歓迎すると明言しているのである。

馬場恒吾や石橋湛山の「挙国一致内閣」批判には、単なる政治的自由主義の表明にとどまらないものが含まれている。明治憲法の歴史を見てきた本書の観点からすれば、「挙国一致内閣」は憲法政治の否定を意味する。だからこそ馬場や石橋は他のことは不問にしてまで政党内閣の復活を重視したものと思われる。

すでに指摘したように、超然内閣の下では立法府がそれに対する批判の武器になった。政党内閣の下では与党は行政府と立法府の多数を握り、その点では超然内閣よりは〝専制的〟であったが、その代わり次の総選挙で野党が勝利すれば、与党は立法府だけではなく行政府からも追い出される。短期的には超然内閣よりも安定的でも、中期的にはオセロゲームのように総逆転の不安にいつもさらされているのである。どちらの場合にも憲法政治の眼目である三権分立、あるいは「立憲主義」は守られているのである。「挙国一致内閣」の登場が、これらを根本から覆す重大な意味を持っていたことは、改めて注目されるべき点である。

†政友会は「ファッショ」的か

一九三二（昭和七）年の五・一五事件以後、衆議院に過半数を占めながら政権に復帰できなかった政友会は、馬場や石橋の挙国一致内閣批判に呼応するかのように、ファシズム反対、憲政の常道への回帰を唱えた。三三年一〇月の政友会法曹団（弁護士など）大会は、「吾人は立国の精神に則り、憲法を擁護し、『ファッショ』政治を排撃し、速かに政党内閣の確立を期す」、という宣言を発表している。海軍青年将校などによる軍事テロで政権を追われた政友会にとっては、その後に政権についた斎藤実の挙国一致内閣も「ファッショ」に見えたのかもしれない。先に引用したように、自由主義的評論家の馬場恒吾も、挙国一致内閣の下では言論の自由がないことを指摘していた。

しかし、政友会と馬場恒吾の一致点は、挙国一致内閣反対に限られていた。馬場にとっては政友会は「ファッショ」の一翼で、それが「ファッショ」政治の排撃を唱えるのは筋違いであった。政友会法曹団の宣言の二カ月前の『中央公論』に掲載された論文の中で馬場は政友会のファッショ性について次のように記している。

「国民は憲政常道への復帰を望む。それならば多数党である所の政友会内閣を歓迎するか。之に対して何人も爾《しか》りと答える勇気を有《も》たない。（中略）政友会に関してわれわれが不安に思う点は、それとファッショ的勢力の関係である。（中略）政友会内閣は再びファッショ的勢力の旺盛を招来しはせぬかと云う不安の念が存在しているのだ。」（一九三三年八月号、七一―七二頁）

†岡田啓介内閣の「上からのファシズム」

政友会が「ファッショ」と呼んだ挙国一致内閣は、一九三四（昭和九）年七月の岡田啓介内閣の成立によって解消した。石橋湛山が賞賛したように、政友会が野党の立場を鮮明にしたからである。政友会を「ファッショ」的と呼んでいた馬場恒吾にとっても政友会が政権を離れたことで、岡田内閣は「ファッショ」ではなくなるはずであった。しかし、出来上がった岡田内閣は衆議院の多数党を味方につけられなかった弱点を補うために、軍部や官僚の専門家を集めて政策を立案する内閣調査局と、立案された政策を審議するための挙国一致的な内閣審議会とを設立した（一九三五年五月）。

国務大臣や衆議院は憲法上の機関であるから、調査局が内閣に代わった訳でも審議会が衆議院に代わった訳でもない。また、労働者や小作農の利益代表を自称する社会大衆党は、審議会より調査局に入って政策立案に加わろうとしたため、審議会には政友会を除く諸会派に財界代表が加わっただけで、「職能代表」と言えるものにはならなかった。しかし、そのめざしたものは、軍事や行政の専門家が国策を立案し、財界や労働界などの職能団体がそれを審議決定するシステムで、「上からのファシズム」に近いものであった。馬場はこの点を次のように指摘している。

「〔これまで議会や内閣で行われてきたこと〕が審議会、調査局と云うが如き特別の機関を作って政治全体の指導方針を決定せんと企てたのは、政治を専門技術者の手に独占せんとする思想の現われである。欧州のファッショ国に於ける機能《ママ》代表と同じ思想の系統に属する。」（『改造』一九三六年三月号、八頁）

†自由主義者・美濃部達吉？

後に「皇道派」と呼ばれる陸海軍の一翼を支持してきた政友会を「ファッショ」勢力と批判し、返す刀で岡田内閣の調査局、審議会も同じく「ファッショ」として否定した馬場恒吾は、戦前昭和を代表する自由主義者であったといえる。しかるに、戦前日本の自由主義者として有名なのは美濃部達吉であろう。しかしながら、馬場が「ファッショ」と呼んだこの二つの機関の原型を提唱したのは、その美濃部なのである。この時期の美濃部は本当に自由主義者だったのであろうか。

たしかに、彼が提唱した「円卓巨頭会議」が、馬場が「ファッショ」と呼んだ内閣調査局と内閣審議会として実現した直後に、美濃部は政友会や国家主義者からその「天皇機関説」を攻撃され、本書でもたびたび引用してきた『逐条憲法精義』をはじめとする著書を発売禁止にされた。この奇妙な関係をどう理解すべきなのだろうか。

これらの疑問に答えるためには、ロンドン海軍軍縮条約調印を合憲として擁護して以後の美濃部の論述の再検討が必要である。

†議会制度の危機？

一九三〇（昭和五）年のロンドン海軍軍縮に当たっては政党政治の熱心な支持者であった美濃部は、翌三一年三月の『中央公論』に「議会制度の危機」と題する論文を寄せ、議会制度そのものに対する疑念を表明している。まだ民政党の内閣が続いている時である。

「年々議会の議決する法律は殆ど全部が政府の提出にかかるもので、議会に於ける討論は、これに何等の実質上の変更を加うるの力も無い。ただに法律ばかりではなく、予算に付いても、議会は政府の提出した原案のまま、殆ど一銭の削減もなく、これを通過するのが通常である。即ち国の財政計画は一に政府に依って決せらるるのであって、議会が財政に付いての有効なる監督を行うことは不可能となった。

理論上は、議会は立法府であると共に、国の行政を監督する機関であり、憲法上には明に其の権能が認められて居るのであるけれども、実際には、此等の総てに付いて、其の政治的権能は殆ど失われ、立法に付いても、行政に付いても、其の総ての実権は政府に移ってしまったと言ってよい有様に在る。議会が其の国民的信用を失墜したことは、

茲《ここ》に其の第一の原因を有する。」(美濃部達吉『議会政治の検討』九頁)

この一文を読んだ当時の読者の中には、〝殿ご乱心〟と思った人もいたかも知れない。政党内閣制の下では与党によって内閣と議会は一体化する。そのかわりに、次の総選挙で野党が勝てば、議会だけではなく内閣も代わる。総選挙を通じて民意は議会を動かし、内閣も動かすことができる。それは議会制度の正常な姿であり、「議会制度の危機」などではない。そしてそのような政党内閣制の必要を明治の末年から唱えつづけてきたのは、美濃部自身であった。それを美濃部が「危機」呼ばわりするのは、何か他に下心があってのことに違いない。

これまで見てきた美濃部の浜口内閣支持の立場から考えれば、民政党内閣の全盛期であった一九三一年三月の時点で美濃部が政友会内閣に期待したとは思えないし、政友会内閣でもここでの批判に堪えられない。美濃部は自分の議論も含めて政党内閣制を時代遅れの政治体制と考えはじめたのではなかろうか。

斎藤実の挙国一致内閣に対しても、美濃部は馬場や石橋のようには批判せず、さらに「挙国一致」を一歩進めた「円卓巨頭会議」構想を提唱している。一九三三（昭和八）年一月号の『中央公論』に載った「非常時日本の政治機構」と題する論文の中で、彼は次のように論じている。

「議会に基礎を有する内閣といえば、今の議会に於いては、言うまでもなく政友会内閣でなければならぬ。

併し政友会内閣が果して国難打開の重任に堪うるものとして国民の信頼を博し得るやといえば、それは極めて疑わしい。吾々は余りに多く政党政治の弊害を見せられて居る。政党に対する国民の信用は殆ど地に堕ちて居るといって甚しく過言ではないであろう。今俄《にわか》に政党を信用せよと謂われても、それは無理な要求と謂わねばならぬ。」（美濃部前掲書、三八頁）

ここで美濃部の言っていることは、真面目な学者とは思えない暴論である。政友会は海軍青年将校のテロで政権を追われる前に総選挙で国民の圧倒的支持を受けている。美濃部がこの論文を書いたわずか一年前のことである。美濃部が国体論に傾く政友会が嫌いであっても、政友会内閣が「国民の信頼」を失っていると断言する根拠は全くない。しかも、議会主義者なら政友会が国民の信頼を失ったと思えば、反対党の民政党内閣の到来に期待するのが普通である。そうしないで一足飛びに「政党に対する国民の信用は殆ど地に堕ちて居る」と結論するのは、論理の飛躍の極みである。

驚くべきことは、このような無理に立てた前提から彼が導いた政体構想が、次のような反議会主義的なものだった点である。彼は先の一文に続けて、次のように論じている。

「随《したが》って単純に立憲政治の常道に復するということだけでは吾々は到底満足し得ない。吾々の希望したいことは、此の際、各政党の首領、軍部の首脳者、実業界の代表者、勤労階級の代表者等を集めた円卓巨頭会議を開き、其の総てが党派心や階級心や私心を去り、虚心坦懐に真に国家及国民を念として財政及経済の確立に付き根本的の方針を議定し、此の大方針の遂行に関しては、恰《あたか》も戦争に際した時の如く、暫く政争を絶って、挙国一致内閣を支持することである。」(同前書、二三八頁)

政党以外の、軍部、財界、労働界の代表は、それぞれ個別の利益集団であるから、それらを集めた「円卓巨頭会議」に「政友会内閣」以上の専門性を期待することは無理であろう。それは「内閣」に代わる機関というよりは、むしろ「議会」に代わる機関の方に近い。美濃部自身も、二つに分けた引用文の前半では「政友会内閣」への不信を説き、後半ではそれに代わるものとして「円卓巨頭会議」を提唱しながら、最後の所ではそれが「挙国一致内閣を支持」することを呼びかけている。政党内閣に代わる巨頭会議が挙国一致内閣を支持するというのは、議論の混乱である。

ここに言う「財政及経済」の「根本的の方針」とは「予算」のことに他ならず、「歳入」を伴わない「歳出」だけの予算は絵に描いた餅にすぎないから、この「円卓巨頭会議」は従来は議会が有していた予算審議権と租税審議権を代行することになる。これは明らかに明治憲法に違反する。明治憲法第六二条には「租税ヲ課シ及税率ヲ変更スルハ法律ヲ以テ之ヲ定ムヘシ」とあり、第三七条には「凡テ法律ハ帝国議会ノ協賛ヲ経ルヲ要ス」とあるからである。この点では、円卓巨頭会議が議会を代行することはできないのである。

また、単に租税に関してだけではなく予算歳出についても、巨頭会議が議会を代行することはできない。第六四条で「国家ノ歳出歳入ハ毎年予算ヲ以テ帝国議会ノ協賛ヲ経ヘシ」と定められているからである。

2　陸軍内部の国家社会主義と日本主義

†陸軍青年将校の運動

岡田内閣を支える官僚や少数与党と議会の過半数を握る野党政友会とによる「ファッショ」競争だけならば、一九三六（昭和一一）年には必ず行われる総選挙で終わりを告げたであろう。選挙法第六六条で議員任期は四年と定められ、一八九〇（明治二三）年の議会開設以後、この条文は忠実に守られてきたからである。

石橋湛山が指摘したように、岡田内閣は挙国一致内閣ではなかったから、それを支持する民政党以下の与党が選挙で敗れれば退陣せざるをえない。反対に「ファッショ」の題目を「統帥権の干犯」から「天皇機関説排撃」に変更した野党政友会も、選挙となれば国民生活と無関係なスローガンを降ろさざるをえなくなる。「天皇機関説」に賛成か反対かを争点としても、有権者の支持を得られないからである。馬場恒吾は早くも一九三五（昭和一〇）年六月に、このことを予言していた。

「学説としての機関説の〔数字伏字〕判らない民衆も、そうした問題を政争の具に供することの悪い位いは判る。（中略）其結果として民衆の同情が鈴木喜三郎〔政友会総裁〕に向って起らないことになった。」（『改造』一九三五年六月号、八四頁）

しかし、挙国一致内閣や岡田内閣を成立させた原因は海軍青年将校らが起こした五・一五事件であり、陸軍青年将校の中心がこれに加わらなかったのは、荒木貞夫陸相を合法的に首相にするためであり、彼らは五・一五事件以後も陸軍内閣の成立を期待していた。荒木に代わって真崎甚三郎教育総監の内閣を作ろうとする陸軍青年将校の運動が、次の総選挙で「憲政の常道」に立ち戻ろうとする石橋や馬場や政友会や民政党の期待の前に立ちふさがっていたのである。

陸海軍の青年将校にとっては、政権が政党の手にあろうと内閣調査局や内閣審議会に握られようと、大きな違いはなかった。大元帥たる天皇が明治憲法第一条の規定通り「統治権」を握り、憲法第一一条の規定通り「統帥権」を握ることを目指す彼らにとっては、両者はともに批判の対象であった。この点から言えば、天皇を国家の「機関」であるとする美濃部憲法学は、たとえ「円卓巨頭会議」によって政党内閣や議会主義を否定しようとも、陸軍の敵であることには変わりはなかった。彼らは教育総監の真崎甚三郎に期待をかけていた。

しかし、陸軍の中央部には、五カ年計画の下に着々と軍事力だけではなく、それに必要な重工業を育成しているソ連と対抗するために、日本にも同様な「国家社会主義」体制を作ろうとするグループもあった。軍務局長永田鉄山を中心とする「統制派」がそれである。彼らは美濃部の円卓巨頭会議構想を支持し、その背後にある「天皇機関説」には特に注意を払ってはいなかった。

†「皇道派」と「統制派」

「皇道派」の中心人物は教育総監の真崎甚三郎で、「統制派」のそれは永田鉄山軍務局長であったが、一九三四(昭和九)年三月に永田が軍務局長に就任した時には、陸軍三長官(陸相、参謀総長、教育総監)の一人として真崎はそれを強く支持していた。また、その際に永田が「陸軍省内に国策研究の機関を設くるの要あり」と強く主張したことにも、異を唱えていない。後に内閣調査局として実現する構想を永田は軍務局長就任に当たって真崎に表明しており、それを承知の上で真崎は永田の局長就任に尽力したのである（『真崎甚三郎日記』第一巻、一三三―一三四頁、一九三四年一月三一日）。

しかし、天皇機関説をめぐる陸軍内の対立の萌芽は、この時にはすでに形成されていた。真崎自身、早渕四郎中佐より「陸軍中央中堅組と青年将校と一致せざる点」は「国体観念の相違」にあり、「中少尉は天皇陛下の命なくば軍隊は動くべきものにあらずと信ずるに対し、中央組は独断動くことあるべしと考」えているという話を聞いている（同前書、一三五頁）。永田の軍務局長就任と同日のことである。ここで報じられている青年将校の「国体観念」は天皇機関説とは相容れないのに対し、陸軍中堅組のそれは天皇機関説を想起させる。

真崎が陸軍内の二派の対立を、「日本主義と国家社会主義との争」とはっきり意識したのは、一九三四年四月のことである（同前書、第一巻、一七一頁）。

一九二五年公布、二八年改正の治安維持法によってソ連型の「国家社会主義」の存在は許されなかったから、ここで真崎の言う「国家社会主義」とは、ナチス・ドイツ型のものと思われる。馬場恒吾が内閣調査局や内閣審議会を批判して「欧州のファッショ国に於ける機能代表と同じ思想の系統」と呼んだもの（本書一三一頁）が、ここで真崎が言う「国家社会主義」に相当する。一言でいえば真崎は、陸軍内の「皇道派」が「日本主義」で「統制派」が「国家社会主義」であると述べているのである。

すでに記したように、調査局や審議会は美濃部の「円卓巨頭会議」構想に端を発したものであるから、美濃部はここで真崎の言う「国家社会主義」の生みの親であった。

この「国家社会主義」との対立抗争の中で「日本主義」側が見出した戦術が、「天皇機関説排撃」である。

†「日本主義」派による天皇機関説攻撃

すでに記したように、美濃部の天皇機関説は、その政党内閣樹立論と結びついて明治末年に提唱されたもので、一九三三（昭和八）年に彼が新たに唱えた「円卓巨頭会議」構想とは無関係のものであった。

また、同じくすでに記したように、明治憲法には、二つの相異なった天皇規定があった。第一条の「大日本帝国ハ万世一系ノ天皇之ヲ統治ス」と、第四条の「天皇ハ国ノ元首ニシテ統治権ヲ総攬シ此ノ憲法ノ条規ニ依リ之ヲ行フ」という規定がそれである。

第一条の定める統治権者が「国ノ元首」であり、統治権者が「統治権ヲ総攬」するというのは（第四条）、同義反復のように響く。しかし、「国ノ元首」という表現は、国家の方が天皇より上位にあることを示唆しているようで、それだからこそ天皇は国家が定めた「憲法」に従わなければならない、というように読める。第一条の信奉者にとっては、第四条は天皇の格下げのような感じを与えるのである。天皇主権論者が、この第四条を重視した美濃部の天皇機関説に不満を持つゆえんである。

しかし、一九三三年の「円卓巨頭会議」構想においては、美濃部自身がこの第四条を無視していた。内閣も議会も「此ノ憲法ノ条規」にもとづく機関であるから、その二つを無視した「円卓巨頭会議」や内閣調査局や内閣審議会は、「天皇機関説」とも相容れないものだったのである。

しかし、天皇機関説も円卓巨頭会議構想も、美濃部が唱えたことは事実であるから、一方で彼を失墜させれば、他方の構想にも傷をつけられる。そして明治末年以来、天皇は国家の機関であって統治権の主体ではない、とする機関説には、保守派の強い反発があった。真崎や政友会も含めた「日本主義」派は、陸軍統制派や新官僚らの「国家社会主義」を直接攻撃せず、天皇機関説攻撃に的を絞った。政友会の江藤源九郎から真崎が、「美濃部に対する質問の準備中」であることを聴いたのは、一九三五(昭和一〇)年二月一五日のことである(『真崎甚三郎日記』第一巻、四三一頁)。

†美濃部の貴族院演説

このような「日本主義」派の結集の動きが美濃部の耳に入っていなかったとは思えない。しかしそれにしては、貴族院本会議で菊池武夫の批判に答えた美濃部の演説は、挑発的にすぎるものであった。彼は菊池が、憲法について何らかの知識を持っているのか、自分が批判している著書を本当に読んだのか、仮に読んだとしても理解できたのか、と貴族院本会議という場で公然と問い糺しているのである。美濃部は次のように述べている。

「私は菊池男爵が憲法に付てどれ程の御造詣があるのかは更に存じていないのでありまするが、菊池男爵の私の著書に付て論ぜられて居りまする所を速記録に依て拝見いたしますると、同男爵が果して私の著書を御通読になったのであるか、仮りに御読みになったと致しましても、それを御理解なされて居るのであるかと云うことを深く疑う者であります。恐らくは或る他の人から断片的に、私の著書の中の或る片言隻句を示されて、其前後の連絡を顧みず、唯其片言隻句だけを見て、それをあらぬ意味に誤解されて、軽々に是は怪しからぬと感ぜられたのではなかろうかと想像せられるのであります。」（『西園寺公と政局』第四巻、四五六頁）

†発禁処分

美濃部がここまで強気だった背景には、彼の「円卓巨頭会議」構想が陸軍の統制派や新官僚の間で好評だったからかもしれない。このように人を小馬鹿にしたような態度は、敵はもとより味方にも好感を持たれない。しかし、普通なら「学者の書物」に対する処分には司法省に待ったをかける文部省も、今回は動こうとしなかった。美濃部の主要著作について不敬罪の告発を受けた司法省は、『逐条憲法精義』の第三条の詔勅の説明に「詔勅を批判してよいというようなことが書いてある」点を問題視した（『西園寺公と政局』第四巻、二一三頁）。美濃部の第三条の註釈には次のように記されている。

「憲法以前に於いては責任政治の原則が未だ認められず、天皇の御一身のみならず、天皇の詔勅をも神聖侵すべからざるものと為し、詔勅を非議論難する行為は総て天皇に対する不敬の行為であるとせられて居た。憲法は之に反して大臣責任の制度を定め、総て国務に関する詔勅に付いては国務大臣がその責に任ずるものとした為に、詔勅を非難することは即ち国務大臣の責任を論議する所以《ゆえん》であって、毫《ごう》も天皇に対する不敬を意味しないものとなった。それが立憲政治の責任政治たる所以であって、此の意味に於いて、天皇の詔勅は決して神聖不可侵の性質を有するものではない。『天皇ハ神聖ニシテ侵スヘカラス』という規定は、専ら天皇の御一身にのみ関する規定であって、詔勅に関する規定ではない。天皇の大権の行使に付き、詔勅に付き、批評し論議することは、立憲政治に於いては国民の当然の自由に属するものである。」(『逐条憲法精義』一一五—一一六頁)

司法省は美濃部に当該部分の修正を求めたが、美濃部が応じないと、四月九日出版法にもとづき同書など三著作を発行禁止処分にした。しかし、発禁処分というものは両刃の剣であって、美濃部の著作は一気に有名になった。発禁の噂を耳にした人たちが彼の著作を買いに走り、新刊本は品切れ、古本の価格は新刊本よりも高くなったのである。

しかし、『逐条憲法精義』は一九二七（昭和二）年末に刊行されたもので、当時の美濃部は議会主義者で政党内閣論者であった。これに対し、天皇機関説が攻撃されたのは一九三五年で、この時の美濃部は先に馬場恒吾がファシズムと呼んだ職能代表制の提唱者であった。この構想が現実化した内閣調査局や内閣審議会を援護するために、天皇の詔勅に対する批判の自由を強調する必要があったとは思えない。美濃部はなぜ「天皇機関説」にこだわりつづけたのであろうか。

†美濃部はなぜ「天皇機関説」にこだわりつづけたのか

この問いに答えるためには、「自由主義」とは「政治的自由主義」（議会制や政党内閣制）を超えたより広く深いものであることを理解しなければならない。

天皇を神様のように思い込み、万邦無比の日本の国体を本気で信じ込んでいるような日本主義者とは全く相容れない合理主義的な思考も、「自由主義」の重要な要素である。美濃部はこのような意味においては徹底した「自由主義者」であった。この点は、一九三四（昭和九）年一〇月に陸軍省新聞班が公刊し各方面に配布した、「陸軍パンフレット」の名で知られる小冊子（『国防の本義と其強化の提唱』）に対する美濃部の痛烈な批判によって明らかになる。

後にも改めて検討するように、政治史的文脈で言えば、この陸軍パンフレットが提唱する「広義国防」論は、美濃部が提唱した「円卓巨頭会議」論の系譜に属するものであった。国防力を本当に強化するためには、軍備増強だけでは駄目で、国民全体が国防に協力できるような社会経済体制の樹立が必要であり、そのためには資本主義経済の修正も辞さない、というのがその本旨で、陸軍内の日本主義派が「国家社会主義」と呼んで反発したのが、この陸軍パンフレットであった。すでにみたように、これと同じ観点から、陸軍内の日本主義派は、美濃部の天皇機関説を攻撃したのである。

陸軍パンフレットと美濃部構想の実現である内閣調査局・内閣審議会が同根のものであったことは、後に詳しく検討する社会大衆党の麻生久《あそうひさし》の主張によって明らかになる。しかるに美濃部は「自由主義者」として、「陸軍パンフレット」の復古的な表現を『中央公論』誌上で激しく批判したのである。

彼はまず、有名な「たたかいは創造の父、文化の母」という一文に噛みつく。「創造」や「文化」は個人の才能と「自由」な研究のたまものであり、それには「平和」が必要であり、「戦争は却て寧ろ之を破壊するもの」と考えるのが普通である、と（『中央公論』一九三四年一一月号、一二六頁)。

次いで美濃部は同パンフレットが「国家を無視する国際主義、個人主義、自由主義思想を芟除《さんじょ》し、真に挙国一致の精神に統一すること」と唱えている点を批判する。国際主義を否定すれば日本は世界の孤児になってしまうし、「個人主義及自由主義に至っては明治維新以来の我が帝国の大国是」であるとし、「明治維新以来世界の驚異となった我が国の急速なる進歩は、主としては此の個人主義、自由主義の賜《たま》ものに外ならない」と言い切っているのである(同前、一二九頁)。

天皇機関説が総攻撃を浴びる前年(一九三四年)に、美濃部はここまで「自由主義」を擁護していたのである。この文脈で考えるとき、一九三五年の美濃部は本気で天皇機関説が正しいと信じていたものと思われる。彼が変わったのは、議会制と政党内閣制という「政治的自由主義」についてだけであり、復古的な国体論を批判した天皇機関説をはじめとする自由主義については、全く考えを変えていなかったのである。そうだとすれば天皇機関説が政治問題化したときに、美濃部を正面から守れる政治家がいなかったのも当然かもしれない。

†美濃部を捨て、政府を守る

満州事変や五・一五事件を経験した一九三五（昭和一〇）年に、「天皇の大権の行使に付き、詔勅に付き、批評し論議することは、立憲政治に於いては国民の当然の自由に属するものである」と言い切れる政治家はいなかった。

陸軍皇道派や青年将校や政友会などの日本主義的なファッショに政治を任せることは防ぎたいが、さりとて天皇機関説を正面から守るわけにもいかない「国家社会主義」的な勢力には、美濃部を見殺しにして、同時に日本主義勢力を鎮圧するしか方法はなかった。

陸軍内部では、陸軍大臣（林銑十郎《せんじゅうろう》）が天皇に上奏して真崎甚三郎教育総監を罷免した（七月一六日）。

その一方で政府は「国体明徴に関する政府声明」を出し（八月三日）、「大日本帝国統治の大権は儼として天皇に存すること明なり。若し夫れ、統治権が天皇に存せずして天皇は之を行使する為の機関なりと為すが如きは、是れ全く万邦無比なる我が国体の本義を愆《あやま》るものなり、近時憲法学説を繞《めぐ》り国体の本義に関連して兎角の論議を見るに至れるは寔《まこと》に遺憾に堪えず。政府は愈々《いよいよ》国体の明徴に力を効し其の精華を発揚せんことを期す。」（前掲

『西園寺公と政局』第四巻、四六六頁）と明言した。
美濃部を捨て、機関説攻撃から政府を守ろうとしたのである。

国体明徴声明

注目すべきは、ここで岡田内閣が問題にしているのは美濃部の『逐条憲法精義』の総論にある「国家主権説」であり、司法省が問題にしていた天皇の詔勅を批判するのは言論の自由に属するという美濃部の第三条解釈ではない点である。司法省が適用を考えていた出版法第二六条は次のようなものであった。

「皇室ノ尊厳ヲ冒瀆シ、政体ヲ変壊シ、又ハ国憲ヲ紊乱セムトスル文書図画ヲ出版シタルトキハ、著作者、発行者、印刷者ヲ二月以上二年以下ノ『軽禁錮』ニ処シ、『二十円以上二百円以下ノ罰金ヲ附加』ス。」

天皇の詔勅に対する批判は国民の言論の自由に属するという美濃部の第三条解釈にはこの出版法を適用できたかもしれない。しかし、岡田内閣が問題にした、統治権の主体は天皇個人にではなく日本国家にあり、天皇はその最高機関として統治権を行使するものであるという天皇機関説に、この出版法二六条を適用するのは無理であった。天皇機関説でも天皇は国家の最高機関として統治権を行使するのであるから、それをもって「皇室ノ尊厳ヲ冒瀆」するとか「政体ヲ変壊」するとか、「国憲ヲ紊乱」するとか言うことはできないからである。

この点は天皇機関説の否定をさらに明確にした第二次声明（一〇月一五日）についても同様である。内閣の機関説否認声明は司法省の第三条解釈の否認とは違って、美濃部自身を刑法で裁こうとするものではなかったのである。

「小キザミ」となった政治対立

しかし、憲法史の観点から言えば、岡田内閣の声明、とくに次のような第二次声明は重大な意味を持つものであった。すなわち、

「我国に於ける統治権の主体が天皇にましますことは我国体の本義にして帝国臣民の絶対不動の信念なり。（中略）統治権の主体は天皇にましまさずして国家なりとし、天皇

は国家の機関なりとなすが如き所謂天皇機関説は神聖なる我国体に悖《もと》り、其本義を愆《あやま》るの甚しきものにして、厳に之を芟除《さんじょ》せざるべからず。」(『西園寺公と政局』第四巻、四六七頁)

一見したところでは、美濃部憲法学登場以前の穂積(八束)の憲法学に戻っただけにも思える。しかし、次期首相の呼び声の高かった朝鮮総督宇垣一成《かずしげ》が同じ頃の日記に記したように、五・一五事件以後の政界は細分化を極め、保守派と進歩派が藩閥と政党にそれぞれ統一されていた明治時代とは大きく違っていた。宇垣は四月三〇日の日記に次のように記している。

「余の承知する政治の過程に於《お》ては、維新後の薩長土肥の争より、官僚—政党の争に、次に二大政党の対立となりたりしが、現在では政党—軍部—官僚—左傾—右傾、尚進んで政友会の内争、民政の提携非提携の抗争、軍部内派閥の闘争等と如何《いか》にも争が小キザミと成り来れり。これは果して何を物語るか? 挙国一致大同団結を切要なりとする現在に於て一層其の感や深きも〔の〕あり矣。」(『宇垣一成日記』第二巻、一〇四四頁)

ここで宇垣が列挙している「小キザミ」の対立のうち、本書で触れてこなかったのは政友会の内紛と民政党内の「提携非提携」だけである。これについては後に改めて再検討するが、政友会の中には鈴木総裁を中心とするいわゆる「ファッショ」派と、民政党と連携して政党政治の復活をはかろうとする反主流派があり、民政党の内部にも町田忠治総裁を中心とする単独で政権をめざそうとする主流派と、政友会内の政党連携派と組んで政民両党が協力して政党の復権をめざそうとする一派とがあった。このうち、政友会と民政党のいわゆる政民連携派は、日記の筆者宇垣一成と密接な関係にあった。宇垣自身も「小キザミ」な政治対立の一翼を構成していたのである。

また、ここで宇垣が「左傾」と呼んでいるのは、すでに治安維持法で非合法化されていた日本共産党のことではなく、国家社会主義と社会民主主義の両要素を含んだ社会大衆党のことであろう。そうだとすれば「左傾」も合法的な政治勢力の一つであり、しかも勢力を拡大しつつある存在であった。

これらの細分化した政治対立のうち、実現すれば分散ではなく統合に寄与しそうな構想は、政民連携であった。政友会と民政党が協力し合うことができ、選挙協定もできれば、衆議院を安定的に支配できるから、他の細分化した諸政治勢力を抑え込めたかもしれない。しかしこの構想は、両党の勢力が拮抗しながら、どちらも過半数を取れない時にしか実現性がない。いま問題にしている一九三五（昭和一〇）年には、政友会が単独で過半数を握っていたから（四六六議席中の二五〇議席前後、月日により変動がある）、翌年の任期満了総選挙が終わるまでは、それ自体が政界の細分化の一因だったのである。

†「君側の奸」論――天皇主権論の宿命

このような状況の下で出された岡田内閣の天皇主権声明は、政治の混迷を救うよりも、その逆に混迷に拍車をかけた。天皇機関説なら、天皇は内閣を信頼し議会を尊重することができた。しかし、今や内閣は衆議院の多数を握れず、過半数を占める政友会は内閣以上に天皇主権論を唱えていた。その上、宇垣が指摘したように、陸軍は皇道派と統制派に分かれ、官僚の中にも政治に関心を持つ新官僚と呼ばれるものたちが台頭し、社会大衆党は陸軍統制派やこの新官僚と結んで勢力の拡大をめざし、「日本主義」を掲げる民間右翼（宇垣の言う「右傾」）は陸軍の皇道派や野党政友会に期待して天皇主権を叫んでいた。

今や「国の元首」としてではなく個人として「統治権の主体」になってしまった天皇は、

これらの勢力の主張のどれを採りどれを捨てるか、自身で判断しなければならないのである。しかもこれらのすべての勢力は今や天皇主権論者になっていながら、自己の主張が天皇によって否定されることは想定していなかった。天皇が自分たちの主張を受け容れないのは、天皇を取り巻く誰かが妨害しているためだという「君側の奸」論は、政界の細分化の下での天皇主権論の宿命だったのである。

このような状況の下では、力の強いものが政治を支配する。陸軍である。問題は陸軍内部で皇道派が勝つか統制派が勝つかにあり、どちらかが政治の実権を握ることは、細分化の中での天皇主権論の勝利の当然の帰結だったのである。

しかし、そのような事態は直ちには起こらなかった。宇垣が列挙した細分化された政治勢力のうち、「政党」すなわち政友会、民政党や「左傾」すなわち社会大衆党は、他の軍部、官僚、「右傾」(民間右翼)とは違って、翌一九三六(昭和一一)年二月に迫る任期満了総選挙を考慮しなければならなかった。約一二〇〇万人の有権者の意向は、これら三党の今後の動向を大きく左右すると同時に、彼らの期待を背負った三勢力の力は、それを持たない軍部や官僚や民間右翼の三勢力と違って、影響力を強める。政治勢力の細分化には、総選挙までという賞味期限が付いていたのである。

†「重臣ブロック」攻撃

　他方、天皇機関説の下における天皇は、立憲政治に肯定的な「重臣」たちに囲まれていた。斎藤実内閣が退陣した時、後継首相を天皇に推薦する役割が元老西園寺公望一人から、総理大臣経験者と枢密院議長からなる「重臣会議」に拡大され、原敬の後継者だった高橋是清、浜口雄幸とともに民政党内閣を支えた若槻礼次郎らが「重臣」になったのである。彼らは、天皇が軍部に動かされるのを抑えていたのである。

　政友会が天皇機関説を攻撃する目的の一つは、この「重臣」制度の廃止にあった。元老西園寺公望とともに次期首相候補を一人に絞って天皇に推薦することになった「重臣」が、斎藤内閣の退陣に際して選んだのが、衆議院に過半数を占める政友会の総裁ではなく、斎藤と同じく海軍退役将官の岡田啓介だったからだ。

「重臣」という「君側の奸」が「憲政の常道」を妨害しているとみなす政友会にとっては、天皇機関説攻撃は政党内閣の復活とセットになっていたのである。逆に言えば、天皇が国家の「機関」でなくなれば、「重臣」たちの力はなくなり、政友会内閣が成立するのである。

一九三五（昭和一〇）年六月二〇日の定例幹部会で、政友会の鈴木喜三郎総裁は、次のように述べている。

「所謂《いわゆる》重臣ブロックの萎微退嬰の消極的方針は、国運の進展を阻害し、我党の積極的方針に背馳するものなるが故に、かくの如き指導精神は打破しなければならぬものと信じて居る。」（『政友』四二〇号〔一九三五年七月号〕、五〇頁）

この総裁演説を受けて、翌二一日の同党臨時総務会は次のような「新指導方針」を決定した。

「一、国体明徴、機関説排撃。
二、責任政治の確立。
三、追随外交排撃、自律的外交確立。
四、積極方針に依る兵農両全主義の徹底。
以上四項の大方針を貫徹するに努力する事。若《も》し之に反するものあらば、国家のため

仮令《たとえ》重臣と雖《いえど》も、之を排撃することに躊躇せず。」（同前書、五〇―五一頁）

過半数政党なのに政権に就けない政友会は、「重臣ブロック」を攻撃することにより、「天皇機関説排撃」という反議会主義的主張と「責任政治の確立」という議会主義的主張を両立させようとしていた。

しかし、この「四項の大方針」のうち、「国体明徴」や「自律的外交」、さらには「責任政治の確立」も、選挙に際して有権者が民政党か政友会かを決める手掛かりにはなりにくい。政友会の独自性は第四項の「積極方針」に限られていたから、同党の「重臣攻撃」も選挙が近づくにつれて意味がなくなっていった。

ただ、天皇機関説や重臣を非難していたのは政友会だけではなかった。陸軍皇道派や青年将校や民間右翼のこの両者への攻撃は、選挙とは無関係に先鋭化していった。その典型が一九三六年二月の二・二六事件だったことは言うまでもない。

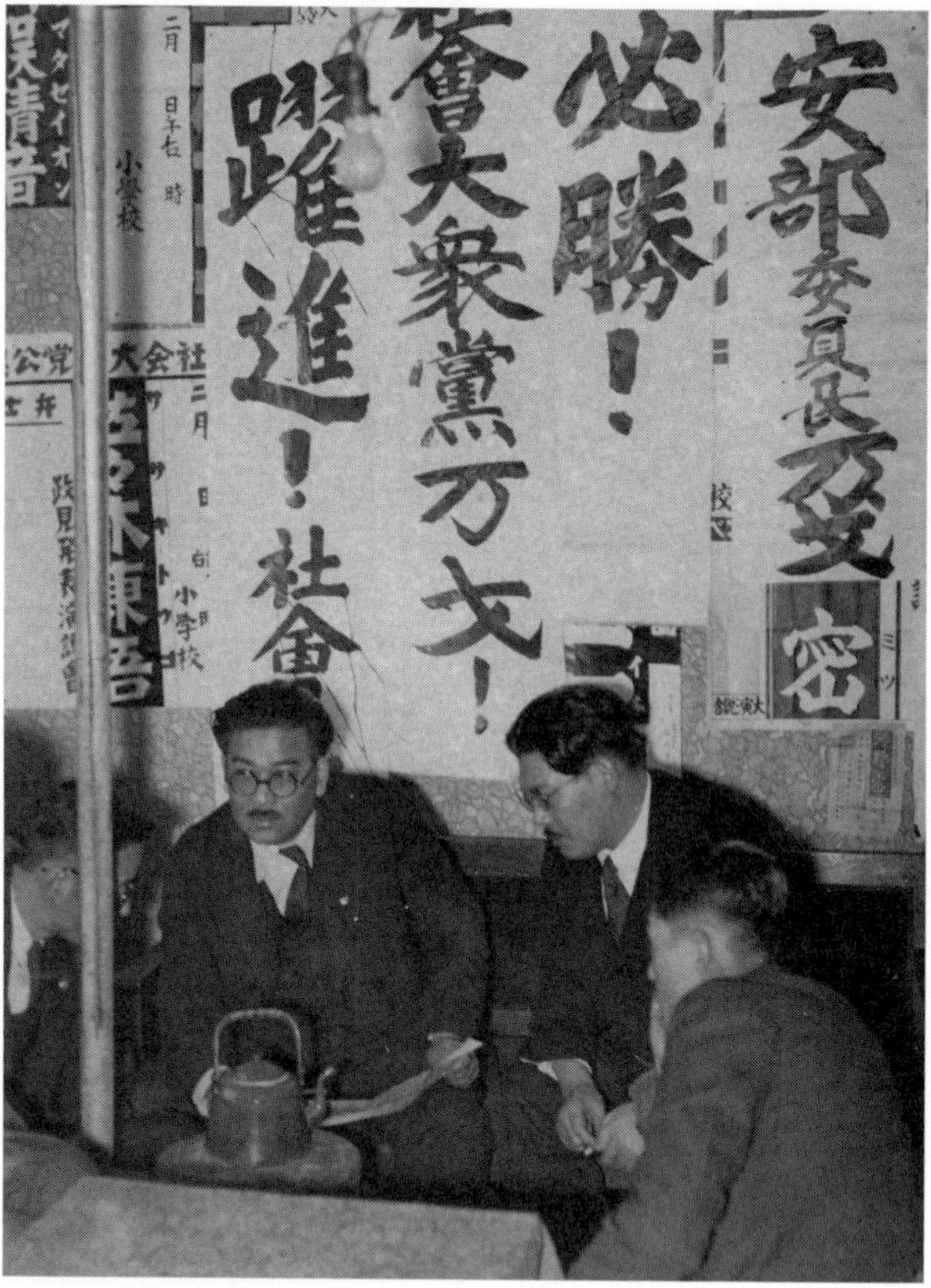

第５章
民意と陸軍の攻防

1936年2月、衆議院議員総選挙での躍進にわく社会大衆党本部。左から2人目が麻生久書記長（photo©朝日新聞社／時事通信フォト）

1　一九三六年二月の総選挙

†政友会大敗と社会大衆党の躍進

国際的な共産主義組織コミンテルンで活動していた野坂参三らは、一九三六（昭和一一）年に、アメリカ共産党が発行する『国際通信』五月号に「日本の共産主義者へのてがみ」と題する一文を発表した。内務省警保局によれば、この『国際通信』が日本に届いたのは、同年七月頃のことだという（内務省警保局編『社会運動の状況8』三五―三六頁）。この中で野坂は、同年二月二〇日の総選挙と二月二六日の陸軍青年将校の反乱の関係を、次のように捉えている。

「この手紙を送ろうとしたときに、わが日本に二つの重大な事件が起った。即ち、議会の総選挙と二月二六日の軍部の陰謀事件である。（中略）軍隊の叛乱《はんらん》は鎮圧されたが、このことは決して戦争と軍事ファシストの危険を弱めはしない。(中略)だが、また他の一方では、総選挙の全経過及びその結果は、反ファシスト人民戦線樹立の可能性が充分に成熟していることを示している。公然たる民間ファシストは敗北した。しかして『ファシスト反対』のスローガンを掲げた党は勝利した。(中略)更に選挙の教えるところは、多数の大農をふくんだ農民、都市小ブルジョアジー、知識階級、そして多くの中ブルジョアジーの不平分子(中略)民政党の進歩的分子や地方組織のあるものさえも、人民戦線に参加しうる可能性があるのである。」(『現代史資料』第一四巻、七七九頁)

この野坂らの手紙と前後した野坂単独の呼び掛けの中では、「軍部に色目をつかった政友会は大敗を喫した」と記されている(同前書、七八三頁)。

野坂の言うとおり一九三六年二月の総選挙では、「ファッショ」政党とも呼ばれていた政友会は、解散時から七一議席を失って、四六六議席中の一七一議席を占める第二党に転落した。反対に、自由主義政党と目されていた民政党は、過半数には及ばなかったものの、七八議席増やして二〇五議席を獲得し、第一党に返り咲いた。合法的な社会主義政党であった社会大衆党は三議席から一八議席に急増して言論界の注目を浴びた。

そのわずか六日後に、陸軍青年将校が配下の部隊を率いて大規模の反乱を試みたため(二・二六事件)、戦後の「昭和史研究」では、二月二〇日の総選挙に言及したものは少ない。その点では選挙と軍事反乱を対比して捉えた野坂の一文は、注目に値する。先に記したようにこの野坂の「指令」が地下に潜って活動していた日本共産党員の手に届いたのはこの年の七月頃のことである。彼らはこの「指令」を、合法的に活動していた労働組合や農民組合、さらには言論界に拡めていった。同年八月二〇日頃発売の雑誌『中央公論』九月号は、「日本人民戦線の胎動」という特集を組んでいる。

†蠟山政道は一九三六年二月総選挙をどう見たか

しかし、二月二〇日の総選挙に立候補した者も、彼らに投票した有権者も、二・二六事件が起こることは予期していなかった。その彼らが「反ファシスト人民戦線」のようなものに加わる用意があったか否かは、野坂の言う「総選挙の全経過及びその結果」を二・二六事件と切り離して調べなければわからない。

幸い筆者が主として依拠してきた同時代の言論は月刊誌『中央公論』と『改造』で、この月には『中央公論』が二月二〇日に、『改造』が一九日に発売されている。総選挙の正確な結果はわからないが、二・二六事件勃発以前の選挙運動の状況は、両誌に載った言論人の評論を通じて知ることはできるのである。

ただ、その評価は大きく割れていた。たとえば自由主義者の馬場恒吾と社会民主主義者の蠟山政道《ろうやままさみち》の評価は、ほとんど正反対なのである。

社会大衆党の躍進に期待をかける蠟山は馬場と違って内務省の選挙粛正政策に好意的で、その分だけ選挙運動や言論界の動向にも肯定的であった。二月発売の『中央公論』誌上で、蠟山は次のように記している。

「書斎裡の公式論を離れ、目を街頭に放って、目下旺《さか》んに行われている選挙戦を見よう。この現象は一体何を語るものであるか。論壇の公式論としては、議会制度に引導を渡している形であるに拘らず、〔中略〕政府も大童になって選挙粛正を標榜し、国民大衆の選挙に対する自覚を叫んでいる。政党も亦《また》、選挙戦に臨んで選挙民大衆の一票を獲得するに夢中になっている。殊《こと》に今回の選挙には、前回の七百人に比し遥かに多い九百人にも垂んとする候補者が立ち、選粛〔選挙粛正〕とは云い乍《なが》ら、なお相当多額の費用を賭し、おまけに白魔〔雪〕の猛威を振う厳寒にも拘らず奮闘している。新聞も亦、この選挙運動の情報に多大の紙面を割いて、恰も他に重大な事件など無いかの如く振舞っている。（中略）世界はいざ知らず尠《すくな》くとも我国に於いては、議会が何等かの価値を認められ、これが刷新を図る以外には我が国の進路は見つからない、と大方の人々に意識されているのではなかろうか。（中略）目下我が全国津々浦々に選挙戦が大規模に行われている理由は、兎も角、国民がこの制度に望みを絶っていない証左と云える。これを除いて日本の進むべき政治進路は見つからないからである。」（『中央公論』一九三六年三月号、三五―三六頁）

†馬場恒吾の「政民連携」批判

この蠟山の選挙描写を、内務省の選挙粛正運動に批判的な自由主義者馬場恒吾のそれと対比してみよう。馬場は蠟山論文より一日早く発売された雑誌『改造』の中で次のように記している。

「今迄の総選挙に於て、今度の総選挙ほど熱の上がらなかったものはないと思われる。

演説会で聴衆の集りが悪いという嘆声は全国から聞えて来た。東京市内の有名な激戦地に於ける有名な候補者の演説会にすら、聴衆が百人とは集らないという。私は夜の九時頃、市の中心地の演説会場をのぞいて見たが、広い会場に十人許りの聴衆が寒そうに坐っていた。（中略）気の毒で見ていられないような気がして、会場に入らずに帰った。」（同前、二頁）。

馬場はこの総選挙が盛り上がりを欠いた理由のひとつとして、政友会と民政党が選挙後の提携をめざしていることをあげている。いわゆる「政民連携論」である。彼は次のように記している。

「今回の選挙に熱の上らない理由は勿論、政党間の選挙題目のハッキリしないこともある。政友民政両党は選挙場では互に争っているけれども、わ〔か〕れらは総選挙後には政党連携に依って時局を匡救せんとする意図を有している。それが相当広く知られている。此両党は半年前迄は連携の申合せに依って繋がれていた。内閣審議会に民政党が入り政友会が入らざるを機会として、連携は民政党側から廃棄された。併し、結局政党連携の力に依らざれば時局の匡救は出来ないことは、両党幹部間の共通の意志になっている。それは現代に於て政党を圧迫する力に対抗する為めには、政党相互に争っていては、その対抗が不可能になるからだ。」（同前、五頁）

最後の部分で言っている「現代に於て政党を圧迫する力」が、軍部や民間の「ファッショ」勢力を指すことは明らかであろう。日本にいて日々の政治の動きを見ていた馬場には、政友会を敵として民政党が「反ファシスト人民戦線」に加わるという野坂の構想は、単なる空想に思えたであろう。当時の日本において強いて「反ファシスト人民戦線」を組織しようとすれば、それは民政党と政友会の提携を中心としたものにならざるをえない。しかし、両既成政党の提携は「人民戦線」という言葉に相応しくない。

日本における「反ファシスト人民戦線」構想の挫折については後にあらためて検討するが、馬場によれば二月二〇日の総選挙は著しく盛り上がりを欠いたものであり、その一因は政友会と民政党が本気で争っていなかったからである。この時点でも馬場は、政友、民政両党による二大政党制論者だったのである。

これまでの行論で筆者は、馬場の政友会批判を主として採り上げてきたので、念のため彼の批判が政友会を含めた二大政党制を前提とした上でのものだったことを、ここで明らかにしておきたい。雑誌『改造』の一九三五（昭和一〇）年六月号で、馬場は次のように記している。

「国民の意見は百人百色である。それが小異を捨てて大同に就くが故に小党分立が二大政党対立に進展する。（中略）中央政界に於てこそ政党人の離合集散がたやすく行われるが、地方の選挙民は政友会にあらずんば民政党、民政党にあらずんば政友会であって、其間に第三党の存在を許さない。（中略）従って此二大政党以外の党派は、両党の挟撃に逢って、磨滅されるか、然らずんばどちらかに吸収される運命に置かれている。」（同前、八六―八七頁）

このような観点からすれば、両党が対抗心を失った「政民連携」総選挙が盛り上がりに欠けているように見えたのは当然であろう。

†新たな二大政党論

他方、馬場とは違ってこの総選挙を意外に活気のあるものに感じていた蠟山政道は、馬場とは違った意味の二大政党制論から、「政民連携」に肯定的であった。彼はこの選挙で一八議席に急増した社会大衆党が、次の選挙でさらに議席を増やし、政民両党を合わせた保守党との間で「二大政党制」を成立させることを期待していたのである。彼は政民連携した保守党が軍部や官僚との協調を回復して政界を安定させ、それに対抗する形で新興無産政党が発展するという、新たな二大政党論を唱えていたのである（『中央公論』一九三六年三月号、四三頁）。

明治憲法の歴史をその制定過程から政治史的に考察してきた本書にとっては、蠟山がこの論文で次のように論じていることは重要である。

「欧州戦後の十年、政党政治の華かなりし時代には、我国も英国流の道を歩むかと考えられたが、満州事変、五・一五事件以来形勢は寧ろ逆転しているかの如き外観を示している。

しかし、広き視野を以て眺める時、この形勢と外観とはドイツやイタリーの如き外国に見られるような議会制度の廃棄に向っているものではなく、やはり明治初年期に於ける憲法制定時代の情勢が、一段高き平野に於いて、さらに複雑なる面相を以て展開しているに過ぎない。」（同前、四二頁）

憲法制定時のモデル国ドイツではナチズムによって議会制度が廃棄された時に、日本では依然として明治憲法も議会制度も機能していたのである。

二・二六事件をまだ知らないで二月二〇日に向けた選挙運動を見ていた当時の二人の知識人の共通した認識は、大勢は政民連携に向かっているというものであった。二人の違いは、馬場がかつての二大政党制の復活を望んでいたのに対し蠟山がその二大政党への挑戦者としての社会大衆党に期待をかけていた点にあった。

この違いにもかかわらず、この二人の知識人は五・一五事件や天皇機関説排撃運動があったあとでも政党政治の復活に期待しつづけ、任期満了総選挙による民意の表出を待ちつづけていた。二人の期待は、二月二〇日の総選挙で実現し、それ以後一九三七（昭和一二）年七月の日中全面戦争の勃発までの約一年五カ月間の日本政治の主流でありつづけた。

節を改めてこの過程を検討していこう。

2 「政民連携」の盛衰

†「政民連携」の困難

野坂参三らが提唱した「人民戦線」が、政友会を除外した社会大衆党と民政党の共同戦線をめざしたのに対し、選挙運動中から現実に進行していたのは、社会大衆党を除く政友・民政両大政党の連携であった。

「政民連携」という構想自体は、一九三一（昭和六）年に民政党内閣が満州事変に直面した時から存在していたが、それが具体的な政権構想となったのは、一九三六年二月総選挙に向けての選挙運動の時からのことである。一九三二年の五・一五事件から丸四年間政権の座を追われていた政友会と民政党とが、総選挙を機に反撃に出ようとした時に、両党がこの構想の下に結集したのである。

前章で検討したように、いわゆる挙国一致内閣時代には、民政党も、それを支持する進歩的な知識人も、政友会は「ファッショ」勢力の一員であるとみなしていた。しかし、四年ぶりの総選挙を迎えて同党がファッショ・イメージの払拭につとめていたことは、当時の有識者も有権者も気づいていたのである。

ただ、戦後日本の政治とは異なり、戦前の日本では、八割以上の議席を握っていた政友・民政両党が提携すればそれで政権を握れるわけではなかった。陸軍が、衆議院全体に匹敵する力を持っていたからである。先に紹介した蠟山の論文も「既成政党ブロックに軍部官僚が如何なる協力と諒解を与えるか」という問題を重視していた（『中央公論』一九三六年三月号、四四頁）。

さらにこの総選挙で脚光を浴びた社会大衆党には、一八議席を過半数の二三四議席に増やすという気の遠くなるような道よりも、従来どおり陸軍と結んで国家社会主義をめざそうとする者が少なくなかった。同党は立憲政治の敵にも味方にもなりうる存在だったのである。

†斎藤隆夫の「粛軍演説」

総選挙中からの「政民連携」の黙約を背景に、五月七日に開かれた特別議会で民政党の斎藤隆夫は、陸軍と社会大衆党の反議会主義を次のように批判している。

「先ず第一は革新政治の内容に関することでありまするが、一体近頃の日本は革新論および革新運動の流行時代であります。然らば進んで何を革新せんとするのであるか、どういう革新を行わんとするのであるかといえば、殆んど茫漠として捕捉することは出来ない。(中略)今日我国の政治機関、立法、行政、司法を通じて、これら機関の根本について、甚しき改革を加える所の点は、私は考えて居らないのであります。(中略)近頃の改革熱に浮かされて、強いて不自然なる改革をすることについては、私どもは断乎として反対をするのであります。」(『帝国議会衆議院議事速記録』第六六巻、四〇―四二頁)

この斎藤の演説は、この後に続く二・二六事件の批判のために「粛軍演説」として広く知られている。しかし彼がここで「革新論及び革新運動」の推進者として批判しているのは、「生存競争の落伍者、政界の失意者、乃至《ないし》一知半解の学者等」であって「青年将校」のことではない。斎藤は社会大衆党とそれを支持する知識人を念頭に置いていたのではなかろうか。

そして「革新論」に対抗して彼が守ろうとしたのは、「立法、行政、司法」などの現行の政治機構であり、明治憲法体制そのものであった。そして「ファッショ」から現行の政治体制を守るというのは、選挙運動中からの「政民連携」の共通目標であった。

†麻生久の国家社会主義演説

この斎藤の「革新論」批判に真っ向から反論したのは、社会大衆党の麻生久であった。翌八日に行われた同党の代表質問で麻生は、失業問題をはじめとする国民生活の不安は個人の努力ではどうにもならない社会問題で、「政治の力」による以外にその解決はできないと述べた上で、政民両党を次のように批判している。

「この十数年間政権を取って居られた所の政友会、民政党の政府は、この政治的に解決

を要する所の国民生活窮乏の問題に対して、何らの解決を施して呉《く》れなかったのである。」（同前書、八一―八二頁）

斎藤が政治改革の不要を、麻生が社会改革の必要を説いているので両者の批判合戦にはズレがあるものの、両者の対立が保守と革新にあったことは明らかであろう。問題は社会大衆党の「革新」が、国家社会主義に向かうのか社会民主主義をめざすのか、同党内部でも、それを支持する知識人の間でも、分かれていたことにあった。「国家社会主義」派の中心であった麻生は、「国民生活窮乏」の打開と軍備拡張とをセットにする「広義国防」の提唱者であり、この議会でも陸軍大臣への質問演説で次のように述べている。

「私は第二点に於て国防の問題に対して軍部大臣に御伺いをしたい。さきに陸軍省は『国防ノ本義ト其強化〔ノ提唱〕』と題するパンフレットを出して、これから先の国防は単に軍備のみを以ては足りない、国民生活の真の安定というものが基礎にならなければ本当の国防は出来ない、国民生活安定の為にもし今日の経済組織が邪魔になるならば、宜しくこれを改造して、国民生活の安定の出来る経済組織を立つべしというのが、その結論であったと私は思うのである。吾々はこの軍部の広義〔国防〕の立前に対しては、全く賛意を表するのでありますが、しかしながらその後に於ける所の予算の状態を見まするならば、ある意味に於ては軍部自らがこの広義国防の立前を蹂躙した精神に立って居はしまいかということを、吾々は感ずるのである。」（同前書、八二頁）

総選挙で議席を六倍に増やしたとはいえわずか一八議席に過ぎなかった社会大衆党の中では、依然として陸軍と結んで国家主義的に社会主義を実現しようとする路線が有力だったのである。

†社会民主主義への期待

しかし、総選挙中から連携した政民両党を一つの保守党と扱い、それと社会大衆党とが競い合う新しい二大政党制を構想していた蠟山政道のような知識人にとっては、陸軍と結んだ「広義国防」などは眼中になかった。蠟山はこの麻生演説を批判してはいるが、それは性急に「社会主義」を主張したことに対する批判であった。彼は社会大衆党が資本主義社会の中で勤労大衆の生活向上をめざす社会民主党になることを期待していたのである。

彼は『中央公論』誌上でこの麻生演説を次のように批判している。

「十八名の当選者を以て華々しいスタートを切った社会大衆党にとっては、今回の特別議会は大きな試練である。（中略）政民を一党に押し込めてその対立の意義を解消し、自らの地位を拡大強化することによって勤労議会の建設に歩を進めることは、同党の主観的に主張したところであると共に、客観的な歴史的使命であろう。（中略）この時にあって、問題の整理と政策の確立とが疎かにされるなら、大きな過誤を犯さないとも限らない。麻生氏の演説に於いてその焦点が明確で無かったのは、確かにそこに原因があろう。（中略）未だ日本の議場で堂々と社会主義論が討議される時代ではない。（中略）それよりも、現在の国家の内外に於ける情勢や政府の施政方針の事実的究明に力点を置いて、国民生活の安定という視点からの批判に論点を集注すべき時代であろうと思う。」（『中央公論』一九三六年六月号、一一五―一一六頁）

蠟山は、麻生が陸軍に近づこうとしていることではなく、社会主義体制への移行を派手に論じていることを批判していたのである。資本主義制度と議会制度を前提にして、具体的な改良政策を打ち出し、政民両党を一つの保守政党に押し込むに足る大政党への道を、社会大衆党が選ぶことを期待していたのである。

†陸軍の「議会制度改革案」

以上のことから明らかなように、二・二六事件を間に挟んだ二月の総選挙と五月の特別議会に共通していたのは、政民両党の接近と、それに対する新興の社会大衆党の挑戦であった。他方、総選挙や議会の動向とは直接の関係のない陸軍は、二・二六事件の鎮圧によって逆にその政治的発言力を増大していた。陸軍と政民両党と社会大衆党の三つ巴の対立を明治憲法の枠内で調整できるかどうかが、立憲制の新たな課題となってきたのである。

まず行動を起こしたのは陸軍であった。一〇月三〇日の新聞に載った陸軍の「議会制度改革案」は、政権復帰をめざして提携する政民両党と新興の社会大衆党の双方に大きな衝撃を与えるものであった。それは次のようなものであった。

「日本の今日の議会は所謂《いわゆる》英国流のために議院内閣制をとりきたったので、議会は立法、予算に関する協賛権の行使よりも、むしろ政府の行政監督権の行使に主力を注ぎ、ために議会は政権争奪場と化し、肝腎の立法、予算の協賛が軽視されている。よってこの際米国流の如く議会と政府とを各々独立の機関とし、以て立法、行政、司法三権分立主義を確立し、議会に多数を占むる政党が政府を組織するが如きことを禁止し、政党内閣制を完全に否定する。

一、議会における政党の地位に関しては政党法とも称すべき法律を立案し、政党の行動範囲を規定すること。

一、（前略）議会には政府弾劾の如き決議をなす権限を持たせぬこと。

（中略）

一、貴族院の機能を改変し経済参謀本部を設置して衆議院が経済立法を行う場合の智能とすること。

一、現行普通選挙実施の成績に鑑み、選挙権は家長または兵役義務を終った者に制限する。」（『東京朝日新聞』一九三六年一〇月三〇日）

陸軍のこの改革案は、明治憲法の解釈を通じてのいわゆる解釈改憲ではなかった。さりとて陸軍は憲法の定める改正手続を踏むつもりもなかった。彼らは明治憲法そのものを無視して、政党内閣の禁止や政府に対する弾劾決議の禁止を断行しようとしたのである。

†陸軍による初めての明治憲法蹂躙

すでに前章までに明らかにしたように、明治憲法では首相や閣僚の任免は天皇の大権と定めていたから（第一〇条）、「政党内閣制」は認めていなかった。しかし、天皇が政党の党首を首相に任命し、その首相が同党員を閣僚に任命することも、行政大権の範囲内のことに属し、早くも一八九八（明治三一）年にはその先例ができていた。「議会に多数を占むる政党が政府を組織するが如きことを禁止」するという陸軍案は、明らかな憲法違反であった。

また、議会から政府弾劾権を奪おうとするのも、「両議院ハ各々天皇ニ上奏スルコトヲ得」という第四九条に反するものであった。一八八九年の公布以来四七年間にわたって統治の基本原理であった明治憲法が初めて陸軍によって蹂躙されかけたのである。

陸軍の議会改革案は、「広義国防」を掲げて陸軍に接近してきた社会大衆党を突き離した点でも重要である。「家長」ではなく、次男や三男に支持者の多い同党は、都市部では兵役免除の高学歴者の支持も得てきた。有権者を家長と兵役終了者に限る陸軍案は、社会大衆党の発展を阻もうとするものでもあったのである。

寺内寿一《ひさいち》陸相は一週間後の閣議（一一月六日）で、陸軍はこのような改革案とは無関係であると火消しに努めたが、政友、民政、社大三党の怒りは収まらなかった。

陸軍に裏切られた形の社会大衆党は、一一月五日に次のような声明を発表した。

「最近選挙権及び議会政治に関して所謂軍部案なる形において、反動的なる暗雲が低迷している。第一に、国民選挙権を戸主と兵役終了者とに制限せんとすることは、家族主義選挙及び級別選挙に復帰せんとする官僚及び既成政党の意図と一致するものであり、第二に、議会の権能を縮少し議会より国民の政治監視の機能を奪わんとすることは実質的に議会政治の否認であって、我らともに断乎として排撃する所である。（中略）我らは勤労議会政治の建設のために戦い来った建前より、かくの如き反動的傾向に対しては断々乎として反対する。」（『日本国政事典』第一〇巻、二六四頁）

†浜田国松の陸軍批判

政民両党の方は、先の特別議会での民政党の斎藤隆夫に替わって、今度は政友会の浜田国松が通常議会で激しく陸軍を非難した。一九三七（昭和一二）年一月二一日に浜田は寺内陸相への質問演説で次のように述べている。

「軍部の人々は大体に於《お》いて、我国政治の推進力は吾らに在り、乃公出《だいこう》でずんば蒼生《そうせい》を如何せんという慨を持って居らるるということは事実である。（中略）機会があれば、これが政治の方面、経済の方面、社会の方面に頭を出すのであります。五・一五事件然り、二・二六事件然り、軍の一角より時々種々なる機関を経て放送せらるる所の独裁政治思潮に関する政治意見然り、（中略）この底を流るる所のファシズムと申しますか、独裁思想と申すか、これらの思想は潦々として強い力で底を流れて居って（中略）吾々は着眼して居ったのである。」（『帝国議会衆議院議事速記録』第六八巻、三六頁）

「軍部」が「ファシズム」や「独裁思想」の持ち主であると公然と批判することは、新聞や雑誌では不可能である。ただ、明治憲法の下でも立法府は行政府と対等な公的機関であったから、議員の議会における発言は、他の機関の拘束を受けない。憲法第五二条には、「両議院ノ議員ハ議院ニ於テ発言シタル意見及表決ニ付院外ニ於テ責ヲ負フコトナシ」と記されている。浜田はこの議員特権を行使して、陸軍のファシズム思想、独裁思想を正面から非難したのである。

しかし、浜田の陸軍批判には他にも目的があった。二・二六事件後に組織された広田弘毅の非政党内閣を倒し、政民両党が牛耳る事実上の政党内閣を造ることを、浜田はめざしていたのである。衆議院に与党を持たない広田内閣には、浜田の陸軍攻撃に解散で応じることはできなかった。総選挙の結果、再び政民両党が衆院の多数を占めることは明らかだったからである。

†割腹問答

浜田の挑発に寺内陸相は乗ってしまった。答弁に立った寺内は、「先程から浜田君が種々御述べになりました色々の御言葉を承りまするると、中にはあるいは軍人に対しまして聊《いささ》か侮蔑さるるような如き感じを致す所の御言葉を承ります」と反論した。

議場で〝軍人を侮辱する気か〟と言われた浜田は再質問に立ち、「陸相寺内君は私に対する答弁の中で、浜田の演説中軍部を侮辱するの言辞があるということを仰せられた。何処が侮辱して居る。(中略)苟《いやしく》も国民代表者の私が、国家の名誉ある軍隊を侮辱したという喧嘩を吹掛けられて後へ退けませぬ。事実を挙げなさい。抽象的の言葉では分りませぬ」と陸相に迫った。

再答弁に立った寺内が「侮辱した」と言ったのではなく、そう取られかねない発言があったから「御忠告」しただけだと述べると、浜田は「割腹問答」として有名な次のような発言をした。

「私は年下のあなたに忠告を受けるようなことはしない積りである。あなたは堂々たる、陛下の陸軍大臣である。併しながら、（中略）不徳未熟衆議院議員の浜田国松も陛下の下に於ける公職者である。（中略）私は公職者、殊に九千万人の国民を背後にして居る公職者である。あなたに忠告を受けなければならぬことを、この年を取って居る私がしたならば、私は覚悟して考えなければならぬ。（中略）日本の武士というものは古来名誉を尊重します。（中略）速記録を調べて僕が軍隊を侮辱した言葉があったら、割腹して君に謝する。なかったら君割腹せよ。」（以上、前掲『議事速記録』四三―四五頁）

戦前の明治憲法の下でも、議員は陸軍大臣に対してここまで発言する権利があったのである。

浜田の過激な発言に激怒した寺内陸相は衆院の解散を広田首相に迫ったが、政民両党が八割強の議席を握っている状況下での解散は広田には考えられなかった。浜田演説の二日後の一月二三日、広田内閣は総辞職した。

†大命拝辞――宇垣一成の組閣失敗

広田内閣を倒した政民両党も、陸軍が公然と政党内閣否認を表明している時に、民政党の党首町田忠治の内閣を造ることまでは考えていなかった。彼らは、元陸相で朝鮮総督をつとめる宇垣一成を首相として陸海外三相を除く閣僚を両党を中心に政党で握ることをめざしていたのである。このことは一年前の総選挙中からの両党の方針であった。

宇垣は民政党の前身の憲政会の内閣で陸軍大臣を務めて以来、政党政治に理解のあるリベラルな軍人として知られ、天皇やその側近からも信頼されていた。元老西園寺公望とともに後継首相を天皇に推薦する役割を担ってきた前内大臣牧野伸顕は、浜田の陸相攻撃のはるか前から広田内閣の退陣を予測し、内大臣の湯浅倉平と宇垣内閣を構想していた(『牧野伸顕日記』六六六頁)。そして広田内閣総辞職の翌日には、宇垣の出馬に関して、

「今日の如く識者間の期待一致せるは稀れに視るところなり」とその日記に記している（同前書、六七二頁）。

政民両党に支持され、いわゆる識者の期待を受けていた宇垣に天皇は組閣の大命を下した。一月二四日深更、正確に言えば一月二五日午前一時のことである。しかし、大命を受けて組閣に取り組んだ宇垣に対して、前陸相、参謀総長、教育総監によって組織される陸軍三長官会議が陸軍大臣の推薦を拒否し、そのため宇垣は大命拝辞に追い込まれた（一月二九日）。天皇の行政大権（憲法第一〇条）に陸軍が従わなかったのである。

明治憲法は藩閥勢力や軍部が政党から身を守るために作られ、運用されてきた。その後政党が次第に力を付けてくるに従い、同じ憲法が、政党内閣を軍部や官僚から守るための重要な武器になってきた。井上毅や穂積八束の憲法学から美濃部憲法学への発展は憲法学説の変化であると同時に、支配的勢力の変化の反映でもあったのである。

そして一九三〇年代後半（昭和一〇年代前半）に政党勢力が軍部や新官僚や新興の社会大衆党の挑戦を受けるにいたって、美濃部憲法学が否定され、陸軍の議会制度改革案が公表され、ついには政友会や民政党が期待した宇垣一成内閣の天皇による承認が陸軍によって変更させられるにいたったのである。

†政友、民政両党の失墜

衆議院に八割強の議席を占める政友、民政両党は依然として立法権と予算審議権は握っていたが、政権に就けないかぎり国民の生命に直接かかわる「戦争」を自分の力で回避する術を失った。憲法第一三条には、「天皇ハ戦ヲ宣シ和ヲ講シ及諸般ノ条約ヲ締結ス」とあり、伊藤博文の『憲法義解』の註釈には、「本条の掲ぐる所は専ら議会の関渉に由らずして天皇其大臣の輔翼に依り外交事務を行うを謂うなり」(四一頁)とある。

陸海軍大臣は広田内閣の下で現役武官制に戻っていたから政党員が就くことはできない。ただ政党内閣の下では首相は政党員で、閣議や、五相会議(首、外、陸、海、蔵相)を主催するから、政党は開戦も終戦も決めることができる。宇垣内閣の〝流産〟により、政友会や民政党はこの力を失ったのである。立法権と予算審議権を握った政民両党は依然として政界の一大勢力であった。しかし、それはもはや重要国策の決定者ではなくなったのである。

†林銑十郎内閣による解散総選挙

当然のことながら、重要国策に対する軍部の発言力は、以前にも増して強くなった。しかし、戦時ならともかく、平時において軍部が直接政権を握ることは困難であった。「民意」に支えられない独裁政権を平時に維持することは容易なことではないからである。

世論調査が頻繁に行われる今日の日本でも、最有力な「民意」は総選挙で示される。そして与党が選挙で多数を維持した場合でも、議席の減少は現行の政権に大きな打撃を与える。劇的な与野党逆転というものは日本ではそうたびたび起こらないが、与野党にとって議席減や議席増は、大きな意味を持っているのである。一言でいえば、「民意」とは絶対数ではなく、〝傾向〟とか〝勢い〟によっても代表されるのである。

自らも〝勢い〟を感じていた社会大衆党は、政友、民政両党がめざした宇垣内閣構想を眼中に置かず、広田内閣の総辞職の翌日には、来るべき内閣は「既成政党を包含せざる軍部、官僚の超然内閣たる事は疑いない」と予想し、さらに、「新内閣は人心一新の建前より、組閣直後議会を解散し総選挙を行うことは必至と見なければならない。今や我党躍進の絶好機である。(中略)次期内閣は今月一杯に組閣されるものと見て、解散は二月早々であろう。選挙戦は従って二月より三月初旬にかけて行わるることと考える」という判断を同党支部に通達している。

この予想どおり、宇垣が組閣に失敗したのち、陸軍予備大将の林銑十郎が「超然内閣」を組織し、「二月早々」ではないが三月末に議会を解散し、「三月初旬」ではないが四月三〇日には総選挙が行われた。

「喰い逃げ解散」として知られる会期末の解散は、政友、民政両党が陸軍に支えられた「超然内閣」の予算案にも増税にも賛成したにもかかわらず行われたものである。議会解散が不合理だったことは言うまでもないが、政民両党がここまで解散を怖れたのは、先に記した〝勢い〟がこの両党にはなかったからである。両党とも〝反ファッショ〟勢力の中心になるには保守化しすぎていたのである。

斎藤隆夫の「粛軍演説」の時には、解散は民政党を利するだけであり、浜田国松の「割腹問答」の時には政民両党は宇垣一成内閣構想を新たな民意の下に実現できるから解散を怖れる理由はなかった。しかるに、宇垣内閣の流産の後で解散が行われれば、政民両党ともに選挙での争点をつくり出せない。両党は政府の予算案にも、増税案にも反対せずに、解散回避を最重視した。解散、総選挙を期待していたのは、新興の社会大衆党だけだったのである。

第 6 章
戦後民主主義の基盤

第1次近衛文麿内閣成立。前列右端が近衛首相、隣は広田弘毅外相
(photo©朝日新聞社／時事通信フォト)

1 「広義国防」と「狭義国防」

†広義国防か、狭義国防か

今日の日本の「平和と民主主義」のうち、「平和」の方は八年余に及ぶ総力戦の反省から生まれた信念であるが、「民主主義」は一八八〇年代の国会開設運動に始まり、一八八九（明治二二）年の明治憲法の公布以後は、運用を通じてその枠組みを拡げながら、漸進的に、また確実に国民共有の信念となっていった。天皇主権の独裁国が一九四五（昭和二〇）年八月の敗戦で突然民主主義国家に生まれ変わったわけではないのである。

前章の後半で明らかにしたように、五・一五事件以後の挙国一致内閣時代に機能不全に陥った明治憲法は、一九三六年二月の総選挙を機に、「民意」表出の重要な制度としてその機能を回復してきた。有権者の支持を背景に、政党は陸軍の意に反して、再び政党内閣をめざしはじめたのである。

一九三六年二月の総選挙から三七年七月の日中全面戦争の勃発までの一年五ヵ月の政治は、明治憲法下の議会でも社会民主主義政党が有力な存在になりうることを示した点で重要である。政友会と民政党の間の二大政党対立を無意味化し、保守と革新の対立を基本とする政治が、戦前日本で登場したのである。

戦後民主主義の萌芽ともいうべきこの傾向をもたらしたのは、「広義国防」と「狭義国防」の対立であった。

総力戦時代の「国防」は、単なる軍備の増強だけでは果たしえず、国民生活の改善による国民的な支援が不可欠であると唱えたのは、一九三四年一〇月に陸軍省が公刊した『国防の本義と其強化の提唱』と題する小冊子であった。社会大衆党の麻生久書記長は同党の機関紙『社会大衆新聞』紙上で、ただちにこれに賛意を表した（ともに、秦郁彦『軍ファシズム運動史』二五三―二七一頁に収録）。しかし、このどちらにも「広義国防」という言葉は使われていない。この言葉が、いつ、誰によって最初に使われたのかは特定できないが、前章で引用した一九三六年五月の議会での麻生演説以後は、一般的に使われるようになった。

他方、この麻生演説でも「狭義国防」という言葉は使われていない。しかし、この言葉は「格差是正」に無関心な軍部、政友会、民政党、財界などを批判する言葉としてわかりやすいだけではなく、「広義国防」論の説明としても有効なので、社会大衆党は両者を一つのセットとしてスローガン化した。すなわち、「広義国防か、狭義国防か！」と。

これに対し、社会大衆党の発展は歓迎しながらも、それが軍部の政治介入をもたらすことを警戒していた自由主義者馬場恒吾は、「狭義国防」という言葉を肯定的に使った。一九三七年四月の雑誌『改造』に載った「時勢は変化した」と題する時論の中で、彼は次のように論じている。

「時勢の変化の最も重要なる現象は、陸軍の意志が広義国防よりは寧ろ狭義国防に重点を置くようになったことである。広義国防に熱心なる余り、庶政一新を唱え、行政、産業、議会制度という如く、社会各方面に向って軍部の意見なるものが放送される。この場合には、それが当然社会各方面と軍部との摩擦を直《ママ》し、軍民一致の理想を達することが困難になる。（中略）だから、近時の陸軍が狭義国防により多くの関心を有して、軍本来の任務に専念せんとする傾向を示して来たことは、国民に歓迎されるのみならず、軍それ自身としても賢明な行き方ではないかと思われる。」（『改造』一九三七年四月号、

九二頁）

陸軍が「狭義国防」に専念することによって得られる「軍民一致」は、政友会や民政党などの「既成政党」との間のことで、新興の社会大衆党との間では「軍民」は逆に離反する。しかし、「国民に歓迎される」のは「軍民一致」の方ではなく「軍民離反」の方であり、社会大衆党が社会主義政党として「格差是正」に専念することであった。

しかも陸軍が「狭義国防」への転換で得られるはずの「既成政党」との「一致」は、宇垣内閣の流産の後に成立した陸軍大将林銑十郎内閣が、前章末でも触れたように、第七〇議会の会期末に衆議院解散を断行したことによって、一度に崩壊した。「狭義国防」を批判した社会大衆党も、反対にそれを支持した政友会や民政党も、四月三〇日の総選挙に向けて林内閣反対、ファッショ反対を掲げざるを得なくなったのである。

†一九三七年四月総選挙

一九三七（昭和一二）年四月三〇日に行われた第二〇回総選挙は、明治憲法の下で最後に行われた正常な総選挙であった。「正常な」という形容詞を付けたのは、「異常な」総選挙ならばあと一回、一九四二年四月三〇日に行われており、その時にも形の上では明治憲法は存続していたからである。

この一九四二年総選挙が「異常」なのは、それが太平洋戦争勃発以後に行われ、政府党たる大政翼賛会が圧倒的に有利な「翼賛選挙」だったからだけではない。一八八九（明治二二）年の憲法公布以降の歴史の中で、四年間という議員任期を丸一年も超えて行われたという点でも、第二一回総選挙は「異常な」選挙であった。

四年間の任期が切れる寸前に形の上だけは政府の解散によって行われた準任期満了選挙を含めても、「任期満了選挙」は戦前にもそう多くはなく、二〇回のうち、第一〇、一一、一五、一六、一九回の五回だけである。言い換えれば、戦前の明治憲法体制の下でも、有権者はかなり頻繁にその意思を表明する機会を持っていたのである。

それが日中戦争中を口実に任期が一年延ばされて五年となり、太平洋戦争勃発以後となったことは、日本の運命にかかわるこの重大な五年間、日本国民はその意思を表明する権利を奪われたことを意味する。一九四一（昭和一六）年四月三〇日の総選挙が一年間延期されたことは、明治憲法の機能不全を象徴する出来事だったのである。

†民主主義的高揚

明治憲法史の最後を飾るこの第二〇回総選挙の結果は、民政党の二四議席減（一八〇議席）、政友会の三議席増（一七四議席）、社会大衆党の一六議席増（三六議席）、その他七六議席であり、民政党と政友会を合わせたいわゆる「既成政党」は、四六六議席中の三五四議席（約七六パーセント）を占めていた。

この数字だけからは、民政党票の一部が社会大衆党に移っただけの代わり映えのしない総選挙にしか見えないが、同時代人にとっては一九二四（大正一三）年の第二次憲政擁護運動の再来を思わせる民主主義的高揚を伴った総選挙であった。

東京については、各候補が行った演説会の様子を警視庁が臨検した記録が残っている（粟屋憲太郎・小田部雄次編『資料日本現代史9』）。全七区で定員三一名を競う候補者のうち、臨場する警察官から注意を受けたり中止を命じられた三一名の演説要旨を記したものである。

三一名のうち七名が社会大衆党の候補者だったのは、警視庁の社会主義政党に対する警戒の表われというより、大都市における同党の勢いを示すものであった。同党は東京全七区のすべてに候補者を立て、書記長麻生久の地盤であった第五区では二名を立てて、全員を当選させたのである。民政党一一、政友会八に対して社会大衆党が八議席を獲得していることだけでも大都市における同党の勢いは明らかであるが、その八名のうち五名が得票数第一位、二名が第二位であった。東京全七区の当選者の構成は、大都市においては戦前の日本でも合法社会主義政党が民政党や政友会と肩を並べる有力政党になっていたことを示している。

†社会大衆党、「反ファッショ」へ

その社会大衆党候補者たちは、反陸軍、反ファッショ的な世論に配慮したせいか、「広義国防」よりも「反ファッショ」の方に重点を置いて、政府と「既成政党」の双方を攻撃した。その典型は同党の麻生久書記長の演説である。四月八日の演説会で麻生は、「吾々は、新興勢力を議会に充満せしめ、ファッショを粉砕せねば議会政治の確立は出来ないと痛感して居るのであります」と語ると同時に、「今日の資本主義機構を維持せんとするものは既成政党である」と論じている。

「ファッショ」を粉砕すると同時に「資本主義機構」を支える政・民両党にも反対すると

いうのは社会主義政党としては正論であり、前年の議会演説のようにその役割の一方を陸軍に担えという「広義国防」論は演説会では語られていないのである（同前書、一九〇頁）。この時以降も社会大衆党は「広義国防」という標語は捨ててはいないが、同党支持者は「国防」の方は無視して、反ファッショ、反既成政党を意味するスローガンとして理解していたのである。

大都市の有権者は、議会解散後に取って付けたように「反ファッショ」を訴えた民政党に対しては、厳しい評価を与えた。同党は東京全七区合計で一一名を当選させて第一党の地位を守ったものの、五議席を失ったのである。敗北の原因は林内閣と本気で闘わなかったことにあった。このことは第六区から立候補した民政党の中村梅吉も認めている。すなわち、「斯る超然内閣は初めより反対すべきであったと思う」（同前書、一九一頁）と。予算案にも、ほとんどすべての法律案にも賛成した後で会期末に解散されたことは、政友会や民政党にとっては誇れることではなかったのである。

†日本無産党

社会大衆党が「既成政党」を味方につけず攻撃目標としたことには、同党内の左翼からの批判があった。戦後の日本社会党の左派指導者として有名な鈴木茂三郎らは、先に紹介したコミンテルンの「反ファシズム人民戦線」結成の呼びかけに応えて、同党を離脱して「日本無産党」を結成した。

しかし、「人民戦線」の中核となるべき社会大衆党が「ファッショ」だけではなく「既成政党」をも攻撃対象としており、しかもそれが進歩的な大衆に支持されているという状況の下では、日本において「人民戦線」が成立する可能性は、初めから存在しなかった。日本無産党としても、政友会と民政党が連携して軍部や官僚と対決するのを「人民戦線」と呼ぶわけにはいかなかったのである。

選挙運動の中で同党は、軍部や官僚の「ファッショ」勢力とともに「ブルジョア政党打倒」を訴えた。しかし、同党は軍部との接近を警戒してか、社会大衆党と協力することには否定的であった。四月一五日に同党の選挙対策委員会が出した「指令」は、同党が候補者を出していない選挙区において他の無産政党（社会主義政党）の候補者がいる場合でも、無条件でそれを応援するわけにはいかない、と記している（『社会運動の状況9』六五一頁）。これは社会大衆党内の親陸軍派を念頭に置いたものと思われる。

軍部、官僚、政友会、民政党、社会大衆党のすべてに反対するという同党の方針は有権者を惹きつけられなかった。四月三〇日の総選挙に五人の候補者しか出せなかったこと、およびその五人のうち当選者は委員長の加藤勘十《かんじゅう》だけだったことが、これを示している。

2　政権構想なき民主主義

†昭和デモクラシー

一九三七（昭和一二）年三月三一日の議会解散から七月七日の日中戦争の勃発までの三カ月強の日本政治は、「大正デモクラシー」と同じように、「昭和デモクラシー」と呼んでもいいものであった。ただ、「大正デモクラシー」には、普通選挙制の実施という「政治的平等」の要求と並んで、政党内閣制の樹立という政権構想があったのに、「昭和デモクラシー」には社会民主主義という「社会的平等」の要求はあっても、それを実現するための政権構想が欠けていた。陸軍の政治介入が強大なものになっていた一九三七年には、「政党内閣制」の実現可能性はほとんどなくなっていたからである。

政党内閣の復活が不可能なことは、すでに記した宇垣一成内閣の流産によって示された。政友会と民政党が協力した宇垣内閣構想は、政党内閣の復活ではなくても、それに準ずるものであった。その準政党内閣が陸軍の反対で挫折したことは、当然純政党内閣も不可能なことを示すものであった。

しかし他方で、その強力な陸軍に支えられた陸軍退役大将の林銑十郎の準陸軍内閣も、総選挙で国民に「ノー」を突きつけられ、わずか四ヵ月で総辞職させられた。準政党内閣も準陸軍内閣も共に挫折したのである。一九三七年六月一日以降の日本に、どのような政権構想が残されていたのであろうか。

よく知られているのは、林内閣の後を継いだ近衛文麿《このえふみまろ》が六月四日の初閣議で述べた、「各方面の相剋摩擦の緩和に重点を置」くという抱負である。政民両党と陸軍の正面衝突が「各方面の相剋摩擦」の内容であり、それを緩和し「真の挙国一致の協力」を獲得することに、良くも悪くも近衛内閣は成功したという物語である（矢部貞治『近衛文麿』二六二頁）。

しかし、少し考えてみれば、宇垣一成にも林銑十郎にも、あるいはその背後にあった政友会、民政党、陸軍にも実現できなかった政党と軍部の「相剋摩擦」の解消を、近衛文麿だけが実現できたという話には無理がある。しかし、六月四日の組閣からわずか一ヵ月と三日後の七月七日に日中戦争が勃発し、それが一九四一年一二月には対米英戦争に拡大し、四五年八月には日本の主要都市が廃虚になって降伏するまで丸八年間戦争が続いたために、組閣直後の近衛内閣の一ヵ月と三日間がどんなものだったのかはわからなくなってしまったのである。

†もしも日中戦争が起こらなかったら……

幸いにして、当時の言論人の中には、この一ヵ月と三日間だけを切り離して、日中戦争が勃発しなかった場合に近衛文麿の挙国一致内閣が存続しえたのか、「相剋摩擦」は解消できたのかを自問して、後世のために書き遺してくれた者がいた。筆者が眼にできたのは、哲学者戸坂潤と評論家馬場恒吾の雑誌論文である。

この二人に共通しているのは、成立後約一ヵ月の近衛内閣を林銑十郎内閣による議会解散後の「昭和デモクラシー」の流れの中に置いて、短命に終わるはずの応急処置的な内閣だったとみなしていた点にあった。ただ、馬場の場合は、日中戦争が起こらなかった時の近衛内閣の姿を積極的に推測しているのが注目に値する。彼は次のように記している。

「若《も》しこの事変が起らなかったならば、どうであろう。それを仮定的に考えるのは無駄のようであるが、決してそうでない。近衛は国内相剋の解消を目標として内閣を組織した。事変が起らなかった場合、この目的を達成する為めに如何なる方法があるか。そしてその方法は成功する見込みがあるか、こうしたことは日本の政治を評価する上に必要である。」(『中央公論』一九三七年九月号、七八頁)

実際に起こった現象だけをつなげて歴史を見るのではなく、実際には起こらなかったもう一つの可能性にも注意を払って歴史を見る必要があることは、筆者がこれまでの研究で繰り返し主張してきた点である。一九三七(昭和一二)年の日中戦争勃発直後に、同じことを試みていた知識人が存在していたのである。

†近衛文麿には国内の対立相剋を解消する目算があったのか?

日中戦争が起こらなかった場合、近衛内閣は看板の「国内対立相剋の解消」を実現できたかどうかという問いには、「対立相剋」の内容を明確にする必要がある。馬場はそれを

「ファッショ」と「議会政治」の対立相剋ととらえる。そう言われてみれば、宇垣の組閣失敗の原因も林内閣の総辞職の理由も、この対立相剋にあった。近衛は本当にこの根本的な対立相剋を解消する目算があって内閣を組織したのか、というのが馬場の設問だったのである。

民政党からも、政友会からもひとりずつ入閣させて挙国一致内閣を作ったのだから「議会政治」の方は抑えられるという近衛の楽観を馬場は否定する。内閣限りの「挙国一致」では「ファッショ」と「議会政治」の対立を抑えられないことは斎藤実内閣の例で明らかである。日本全体の一致という意味での「挙国一致」は、四月三〇日の総選挙に示された民意を反映しなければ達成できない、と馬場は言うのである。

「ファッショ」と「議会政治」の対立相剋を解消する力は、内閣にではなく国民にあるというのは、戦後の「昭和史」研究には欠けている観方なので、やや長い引用になるが馬場自身に語ってもらおう。

「かれ〔近衛首相〕は政民両党から大臣を採り、政務官全部を衆議院から採り、以て議会政治を尊重する意志を明らかにした。かれは内閣に国内諸勢力の代表的人物を集めて、国内相剋の解消は先ず内閣内部に於て計らんとした。(中略) 併しこの方法で国内相剋が解消出来るものであるか否かに付いては多大の疑問が存在する。斎藤内閣以来の挙国一致内閣は、何れも国内相剋を表面に現わさずして、政府部内で解消せんと試みたものである。そして何れも、この方針の成功し難きことを物語ったものである。畢竟するに、如何なる内閣の力も国内相剋を解消するには不足であることが、実験に依って証拠立てられたのである。それよりは寧ろ、林内閣の如く国内相剋をファッショに依って統一せんと試み、そして直截簡明にそれが困難であることの実物教育を施された方が、男らしくてよい。(中略) その内閣はそれの失敗に依って、国内相剋は国民の力に依って解消されるという暗示を与えたのである。」(同前、七八―七九頁)

注目すべきことは、馬場が「国内相剋は国民の力に依って解消される」という時、それは「議会政治」による「ファッショ」の解消を意味している点である。馬場のこの一文が書かれてから八年間続く総力戦体制を知っている歴史研究者とは異なり、彼は日本では「議会、政党、国民」が「ファッショ」の成立を許さないと判断していたのである(七七頁)。

馬場が「ファッショ」は「国民の力」を代表する「議会政治」によって抑えられると説くとき、「議会政治」は四月三〇日の総選挙で合わせて七六パーセントの議席を獲得した政友・民政両「既成政党」が代表する。これはきわめて当然の理解である。今日でも与党の圧倒的優位を示す数字は議席の三分の二、すなわち六六・六七パーセントであり、この時の「既成政党」はそれよりも九パーセント多かったのである。

†「ファッショ」に反対する「国民の力」――河合栄治郎の社会大衆党支持

しかし、知識人や言論界は、現状よりも未来を、既成のものより新しいものを過大に評価しがちである。彼らは「既成政党」ではなく、四月三〇日選挙で躍進した社会大衆党の方に関心を移した。東大経済学部教授の河合栄治郎もその一人であった。彼は四月三〇日総選挙での社会大衆党の躍進の中に、「ファッショ」に反対する「国民の力」を見出していたのである（『中央公論』一九三七年六月号。なお当時伏字を強いられた部分は、戦後の『河合栄治郎全集』第一九巻、によって〔　〕で補ってある）。

河合はまず第一に、社会大衆党の躍進に「歓喜」を感じる理由を次のように記している。

「三十六名の代議士は、衆議院の総数四百六十六の中の渺《びょう》たる一割にも及ばない。それにも拘《かか》わらず吾々がこの少数党の膨張に歓喜を感ずるのは何故か。それはこの政党が、続出する幾多の少数党と同視しえざる特質を持っているからである。その一は、何れの国の社会党もそうであるように、明白なイデオロギーを所有していることであり、その二は、現在の社会に対して革新的態度を持することであり、その三は、それ故に少くとも今後の選挙において、後退することなき不断の上昇線を辿《たど》る政党だということである。（中略）現今において革新的とは単にその実質において変革を意図するだけを意味しない。その変革の実現の方法において、民衆と共に〔議会〕に依ることを包含する。」

海外の社会党と同じように「民衆と共に議会に依」って社会主義的変革をめざすものとして社会大衆党の躍進に「歓喜」しているのである。

本書を執筆している現在の日本には、正面から社会主義的変革を唱える政党は存在しないし、それを説く知識人の姿も見えない。しかし、戦争とファシズムの時代として知られる一九三〇年代の日本では、選挙と議会を通じての社会主義的変革の必要が、月刊誌の上で堂々と論じられていたのである。

†内に社会主義、外に平和主義

対外政策もしくは国防政策（今日で言えば安全保障政策）に関しては、河合はこの新興の社会主義政党に、過大な軍備を縮小し、戦争の阻止につとめることを求める。〝内に社会主義、外に平和主義〞である。彼は次のように論じている。

「社会大衆党がまず第一に果敢に反対しなければならないのは、日本の政界に低迷する〔帝国〕主義である。祖国の自由と独立とを防衛することは、決して社会民主主義の原理に矛盾しないから、適当なる軍備を整えることは、吾々の義務とさえ考える。しかし、日本の現時の状況は、あるいは〔外国の侵入の危険なきのみ〕か、あるいは名をそこに〔借る理由〕さえなく、過大の〔軍備を〕整えようとしている。（中略）現在の如き〔情勢においては〕各国互に猜疑《さいぎ》、競争を刺戟して、遂に〔戦争〕を誘発する危険性が多い。〔戦争の〕持ち来らす肉体的、物質的損失から考えて、民衆を基礎とする社会大衆党が何よりも防止すべきは〔戦争〕である。（中略）既成政党が、イデオロギーの点においても従来の因縁からも忌憚《きたん》なく突きえない〔軍事予算〕を批判することは、専ら党の負担すべき最先の急務である。」

軍拡と国民生活の改善を「広義国防」というスローガンで訴えてきた社会大衆党は、ここでは「軍事予算を批判する」ことを「最先の急務」とする政党と位置づけられているのである。社会大衆党の「広義国防」とは、国民生活改善のために国防費を削減するという意味に転換しかけていたのである。

†自由主義とデモクラシーこそが日本国民の時代常識だ

一九三六（昭和一一）年二月と三七年四月とのわずか一年二カ月の間に二度の総選挙があった後であるから、河合がいくら期待を膨らませても次の総選挙はそうすぐには来ない。しかし、知識人や都市住民の社会大衆党への期待は、五月から七月にかけての京都市、神戸市、大阪市、八幡市などの市会議員選挙において、現実味を増していき、それに呼応して社大党の「広義国防」論の意味転換も一層明確になっていった。

雑誌『改造』の一九三七年九月号に載った哲学者戸坂潤の論文は、日中戦争が勃発する直前までの日本は、デモクラシーの最盛期にあったことを、われわれに教えてくれる。彼は社大党の「広義国防」論を次のように高く評価している。

「厖大な軍事予算と国民生活安定予算との矛盾をば、狭義国防と広義国防との対立として衝いたのは、社会大衆党などであった。（中略）多少本能的にこの本質的な関係を衝いたものが、既成政党や所謂《いわゆる》自由主義者であった。」

戸坂はこの文章に続けて、筆者も予想していなかった次のような時代像、国民像を描いている。

「ところが日本における所謂自由主義なるものは、事実上民衆の平均常識なのであるから、つまりこの矛盾への注目は、国民の時代常識であったわけだ。これが現下の日本国民の常識であるという歴然たる事実を認めまいとするものは、まず何等かの意味でのファッシストであると断じて誤らない。（中略）自由主義乃至《ないし》デモクラシーが今日の日本国民の政治常識であるという事実を、枉《ま》げることは出来ぬ。選挙演説などの有様を見ると、この事実は疑う余地なく実証される。」

九月号に載った一文であるから（八月二〇日前後に発売）、単に四月三〇日の総選挙だけではなく、その後の市会議員選挙での「選挙演説」を見聞した上での発言であろう。七月以前の日本国民の政治常識が「自由主義乃至デモクラシー」であったという戸坂の評価は、本書でのこれまでの記述と一致する。それでは何がこの「日本国民の政治常識」を打ち壊したのか。日中全面戦争の勃発である。

†国民が自由主義とデモクラシーを自発的に放棄した――日中全面戦争の勃発

戦争の勃発によって潰されるような民主主義は真の民主主義ではない、真の民主主義ならば逆に戦争の勃発を阻止できたはずだ、という声が聞こえてきそうである。しかし、終章であらためて詳論するが、筆者は総力戦の勃発による民主主義の敗北を「戦前デモクラシー」の弱さのゆえんとは考えない。一旦総力戦が始まって「戦中」となれば、自由主義だ、個人主義だ、民主主義だ、などと言う国民はいなくなる。

もちろん民主主義がすでに定着している国々では総力戦下でも自由主義も個人主義も守られた例もあろうが、戸坂の表現にもかかわらず当時の日本は民主化につとめていたのであり、すでに民主主義が定着していたわけではない。「戦前」の自由やデモクラシーは

「戦中」には適用できなかったのである。それはともかく戸坂の議論に戻ろう。彼は日中戦争と民主主義の関係について、次のように論じている。

「この民衆常識乃至《ないし》国民常識と政治的支配情況との間の開きは、とりも直さず近衛内閣が『国内対立相剋』と呼んだ処のもので〔筆者註、政党内閣ならば両者の間に「開き」はないはずである〕、かなりに執拗なものだった。近衛内閣による『国内対立相剋の緩和』という一片の宣言を以てしては、これを如何ともすることの出来る筈《はず》はなかったのである。（中略）今日、近衛内閣が挙国一致に相当成功したとすれば、それは云うまでもなく、全く北支事変の賜物と云わねばならぬ。（中略）一体政治的常識というものは執拗なものである。これが形の上だけでも無視され遂放され得るためには、よほど莫大な何らかのエネルギーが必要である。しかもこのエネルギーには、単なる言論や思想のエネルギーでは事足りない。もっと物質的なエネルギーが必要なのである。北支事変がそのエネルギーを提供した。」（以上、『改造』一九三七年九月号、三〇―三八頁）

戸坂が日本国民の政治常識と呼んだ自由主義もしくはデモクラシーは、戦車や機関銃で鎮圧されたわけではない。日中戦争の勃発と同時に、日本国民自身が自発的に放棄したのである。

†国民は事の大小軽重を弁えているか?

その場にいて見聞しなければ何もわからないなどと言えば、歴史学という学問自体が成立しなくなる。しかし、本格的な戦争の勃発と同時に、昨日までは民主化を求めて政府を批判していた国民が、ぴたりとその要求を引っ込めて戦争と政府を全面的に支持するという現象は、筆者の想像力を超えている。

当時の自由主義的な評論家の馬場恒吾も、この国民の態度の急変を理解するのに、相当苦心していた。彼はまず九月の臨時議会で議会はその責任を果たして軍事予算の削減につとめるべきであるというような主張を想定して、それを否定する。この時期にそのような評論をするものは馬場以外にいたとは思えないから、これは彼の自問自答のように思われる。彼は次のように記している。

「今度の日支事変に関しても、さきの特別議会、今度の臨時議会に於《お》いて、議会が二十五億の予算、戦事経済の諸法案を鵜呑みにしたに対し、同様の批評が出ると思われる。併《しか》し、こうした批評には容易に賛成出来ない。(中略)苟《いやし》くも戦争が已《や》むを得ずと認める場合には、主眼の目的は戦争に勝つということになる。(中略)議会は国民の代表であるから、どうしても国民の気持ちを反映する。批評家は議会が挙国一致の美名にかくれて、議会としての機能を失ったというが、私は寧ろ、こうした場合に議会はそれの機能を失うことに依って、矢張り国民の感情と意志を代表しているものと思う。」(『中央公論』一九三七年一〇月号、一〇七―一〇八頁)

先にも触れたように、この一文はおそらくは馬場の自問自答で、批評家としての自分は従来なら先頭に立って議会の責任放棄を批判したであろうが、今回はそうしない理由を記しているのである。

ただ戸坂と違って馬場が考える「国民の常識」は、一旦戦争が始まれば終わるまで考えなしに支持するものではない。デモクラシーはいつまで、愛国心はいつまでと、状況をよく見ているものである。彼は次のように論じている。

「議会は出兵したからと云って必ずしも挙国一致になるものでなく、事の大小軽重を相当によく弁まえている。そして何日《いつ》挙国一致になるべきか、何日それを熄《や》めてもよいのかの判断を誤らない、それはその挙国一致が上から命令されて出て来るのでなく、国民の自発的な愛国心を反映するものであるからだ。国民の常識というものは麤《そ》枝《し》大葉《たいよう》の如く見えて、案外に事件の大小軽重を正確に見分ける作用を有って居る。」（同前、一一〇頁）

†日中戦争下の議会の責任

しかし、馬場の批評家休業は長くは続かなかった。近衛内閣も議会も、戦争の終結のために全く動かなかったからである。

前章までにすでにたびたび指摘してきたとおり、開戦も講和も、悪名高い「統帥権の独立」の範囲の問題ではなく、明治憲法第一三条の天皇の外交大権の問題であり、その責任機関は「内閣」である。先に美濃部憲法学を検討した時に明らかにしたように、この外交大権の責任機関から「議会」を完全に排除したのは明治憲法以外に例がないが、それでも近衛内閣は政党からも閣僚を入れた挙国一致内閣であったから、議会は国民の声を内閣に伝える程度のことはできたはずである。

憲法が停止されない限り、戦時下でも議会は開かれ、その議事録は官報で公開され、新聞などで報じられる。明治憲法下でも議会は内閣と並ぶ公的機関であるから、その議事録には内務省警保局などが一指も触れられるものではなかったのである。

戦時下の日本が何をめざしているかを諸外国が知るには、この議事録は貴重である。日中戦争勃発から約七ヵ月後の一九三八（昭和一三）年二月の雑誌『改造』誌上で、馬場は開会中の第七三議会に対して、日中戦争の戦争目的と戦争終結の条件とを政府との質疑を通じて内外国民に知らせる義務が議会にはある、と論じている。やや長文であるが、日中戦争下の議会の責任という問題は明治憲法史にとっては重要なので、その関連箇所を引用しておきたい。


「ここ〔日本〕には堂々たる帝国議会が存在する。若し日本の国家が世界の理解と同情を得ない点がありとすれば、その責任の一半は議会が負うべきものだ。それどころではない。日本の議会は国家の決定に対して、国民の代表機関たる職責を充分に尽くしているか否かが疑問である。支那事変が発生して以来、議会の方針は政府を後助して事変の目的貫徹に急がしめるということにあった。この方針全部が悪いとは云わない。（中略）だが、かれらは今の政府を政府として存在する価値あらしめる国策、出征軍人の奮闘努力を有意義ならしめる国策、その国策それ自身の決定に対して何か貢献する所があったか否か、（中略）その国策に対してかれらは国民を代表して後援すると云い切るだけの知識を有するか否か。その国策はかれら自身参画して決定に導いた国策であるか。あるいはかれらの知らざる間に決定されて、かれらは只《ただ》盲従と後援を強いられる国策である〔か〕。その分界をすら明かにせずして、議会の方針は政府を後援するにありと云うのは、われ〳〵門外漢の腑に落ちないとする所である。」（『改造』一九三八年二月号、九〇頁）

馬場としては歯切れのあまりよくない議会批判であるが、南京陥落直後の一文であることを考えなければならない。

†「戦局収拾」は議会にも国民にも無視された

さらに、この一文に続く、日中戦争の終結のために議会の積極的な行動を求める一文は、戦時下のものとしては、むしろ大胆なものと言うべきであろう。

「第七十三国会が将に開かれんとする。支那はいまなお無益の抵抗を続けんとする。日本は東洋に平和を恢復《かいふく》せんとして居るにかかわらず、なお長期抗戦の相手方となるのやむなきに到って居る。然るに列国はややもすると支那に同情して日本を悪者扱いにせんとする。此時に際して議会はその質疑応答を通して、日本の真意が何処にあるかを世界に理解せしめる責任がある。それのみならず、さらに一歩を進めて、戦局収拾の国策に対し、国民を代表して一大方針を確立すべきだ。政府に指導されるばかりが能ではない。宜しく政府を指導して、東洋を指導し、世界を指導するという気魄《きはく》を有つことが、日本の帝国議会としての抱負でなければならぬ。」（同前、同頁）

「東洋を指導し、世界を指導する」などといわれると何を大袈裟なと思ってしまうが、馬場が具体的に提唱しているのは、「戦局収拾」について議会が「政府を指導」せよということである。たびたび歴史を根拠とする馬場の叙述を真似すれば、一八九四（明治二七）年の日清戦争の少し前に天皇が内閣と議会に詔勅で「和協」を求めたことがあった。その中に、「朕ハ閣臣ト議会トニ倚《よ》リ立憲ノ機関トシ」という一節がある。内閣と議会とはその権限には相違はあっても、明治憲法上同格の「立憲ノ機関」だったのである。馬場はそのことをよく知っており、議会に「戦局収拾」の行動を求めたのである。

周知のように、馬場のこの提唱は、議会にも国民にも無視され、日本は一九四五年八月まで中国とも戦争を続けた。しかし、それは「明治憲法」が悪い憲法だったからではなく、閣僚や議員や、あるいは国民が悪かったためであった。

終　章
憲法と政治

1946年、新憲法公布祝賀大会で人々の歓呼の声にこたえる昭和天皇
(photo©朝日新聞社／時事通信フォト)

†明治憲法体制のあゆみ

「はじめに」でも記したように、筆者が最初に著書を公刊したのは一九七一（昭和四六）年で、表題は『明治憲法体制の確立』である。以後五〇年弱、幕末、明治、大正、戦前昭和の各時代の政治について、さまざまな角度から研究してきたが、なかでも憲法と議会は、ほぼ一貫した筆者の関心であった。

「尊王攘夷」で知られる幕末の政治史も、実際に調べてみるとその変革目標は「公議会」と呼ばれた二院制議会の設立にあった。幕府や有力大名たちの間だけではなく、西郷隆盛のような下級武士の変革者も、このような議会制度の設立をめざしていたのである。

議会論にはやや遅れたが憲法論も一八七二（明治五）年には、明治政府の有力指導者によって検討され始めていた。

議会制のモデル国は、問うまでもなくイギリスであったのに対し、憲法論者が範としたのはドイツであった。イギリスの議会制は慣習法的に運営されており、成文憲法というものがなかったことも一因であるが、議会権限の強弱も、モデル国の選定の一因であった。イギリスでは議会権限が強く、ドイツでは弱かった。当然のことながら民主的な論者はイギリス・モデルの議会制を重視し、保守派はドイツ・モデルの憲法の制定を唱えた。

このような民主派の議会論と保守派の憲法論の対立の間に分け入ったのが、福沢諭吉らのリベラル派の憲法論であり、少し遅れて一八八〇年代初めのことであった。

この三極対立は、大正時代（一九一二―一九二六年）には、吉野作造の普通選挙論、美濃部達吉の天皇機関説、穂積八束・上杉慎吉の国体論の対立として再現した。本論で詳しく論じたように、一九一二年末に始まる第一次憲政擁護運動から一九二四年の第二次憲政擁護運動にいたるいわゆる大正デモクラシー期の政治は、理論面におけるこの三極対立と密接に関係していたのである。

一九二五年に普通選挙制が成立し、同時に政友会と憲政会（民政党）が交互に政権に就く二大政党時代が成立すると、民意は民衆運動としてではなく総選挙を通じて表出されるようになった。しかし、民衆運動と違って総選挙で示される民意は、民主主義よりも経済政策の方に熱心であり、しかもその求める経済政策は、多くの場合身勝手なものであった。一九三〇（昭和五）年の総選挙では緊縮政策を掲げる民政党内閣を勝利させた民意は、二年後には財政出動、金融緩和の政友会内閣に圧倒的多数を与えたのである。

しかも運動ではなく選挙による民意は、為政者が望まなければ四年に一回しか表出の機会がない。本論で検討したように、一九三二年二月から三六年二月までの四年間の挙国一致内閣時代には、選挙は行われなかった。海軍青年将校のテロで、わずか三ヵ月前に民意の圧倒的支持を得た政友会内閣が退陣させられたのであるから、民意に従えば犬養毅に代わって鈴木喜三郎の政友会内閣ができるのが当然であった。それをあえて避けて斎藤実の挙国一致内閣を作った以上、解散総選挙でもう一度民意を問えば、おそらくは政友会が再び多数を得て挙国一致内閣の方が総辞職を迫られたであろう。

ただ、斎藤内閣の後を継いだ岡田啓介内閣は、過半数政党の政友会を野党とする内閣であったから、それを支える与党民政党はもちろん、海軍出身の岡田首相にも解散の意図はあった。しかし今度は政友会が予算の削減などの対決手段を採らなかったから、実質上の任期満了まで解散の機会がなかったのである。美濃部の天皇機関説が問題になったのは、少数党を与党とする官僚内閣という二重の変型内閣の下においてであった。

†天皇機関説事件・再考

それにしても天皇機関説事件というのは奇妙な事件であった。

第一に、それは一九一二(明治四五)年以来の美濃部の主張であり、一九二七(昭和二)

年の『逐条憲法精義』で繰り返されたとはいえ、一九三五年に初めて登場したものではなかった。過去を掘り返して問題化したものであった。

第二に、一九三五年当時の美濃部はもはや政党内閣論者ではなく、陸軍統制派や新官僚が岡田内閣の下で設立した、内閣調査局や内閣審議会の原案とも言うべき「円卓巨頭会議」の提唱者であった。岡田内閣にも陸軍統制派にも、むしろ貸しがあったのである。その岡田内閣自体から天皇機関説を「排撃」され、主著を発売禁止にされたことは、美濃部にとっては想定外のことだったと思われる。

昔の話を掘り返しての右翼の攻撃に対して「味方」が全く守ってくれなかった点で筆者にはきわめて奇妙な事件に思えるのである。

筆者は、この事件を機に戦前の日本がファシズムへの途を歩み始めたとは思わない。翌一九三六年と翌々三七年には総選挙があり、民意は自由主義と民主主義を支持したからである。そしてその民意は、筆者が見てきた明治維新以降の憲法史にそのまま連なるものであり、天皇機関説問題には歴史的な必然性が全く感じられない。

おそらくこの事件は、新しがり屋のくせに自我が強い美濃部達吉という特異の人物が、個人の中で内部分裂したために起こったものである。彼が提唱した「円卓巨頭会議」は、内閣も議会も時代遅れとするもので、政治的には美濃部はもはや反自由主義者であった。それなのに陸軍省から「たたかいは創造の父、文化の母」と唱えるパンフレットを贈呈されると、「創造」とか「文化」は個人の自由な活動によって生まれるもので、日本の今日の繁栄は明治維新以来の個人主義と自由主義の尊重によってもたらされたものであると、わざわざ雑誌の上で批判した。

また貴族院で彼の「天皇機関説」が批判されると、改めて「統治権の主体は天皇ではなく国家である」と自説を繰り返した。すでに政党内閣論者でも議会主義者でもなかった美濃部にとって、いわば「転向」前の自説を改めて公にする必要があったとは思われないのに、あえて明言してみせているのである。

†「皇国」への違和感

これらの相互に矛盾した言説を読んでいて、ふとあることを想像した。彼は誰もが知っていた明治憲法の第一条、「大日本帝国ハ万世一系ノ天皇之ヲ統治ス」という条文に違和感を抱いていたのではなかろうか。これが「大日本帝国ハ天皇之ヲ統治ス」ならば、西洋先進国にもいくらも例のある「君主政体」として合理的に理解できる。しかし「万世一系」がここに出てくるのは、たしかに唐突である。美濃部は日本国内だけにしか通用しない形で日本の憲法を論じたくはなかったのではなかろうか。憲法だけではなく、日本固有の伝統が強調されると、美濃部は理性だけでなく、感情のレベルでも反発してしまう個性を持っていたのではなかろうか。

他方で美濃部は、憲法制定時に井上毅が反対した「大日本帝国」という名称には、違和感を抱いていなかったようである。井上は、自国を「大日本」と呼ぶことには最後まで反対した。彼の原案は一貫して「日本帝国憲法」であり、第一条は「日本帝国ハ万世一系ノ天皇之ヲ統治ス」であった。憲法制定の最後の段階で枢密院に押し切られたのである（稲田正次『明治憲法成立史』下巻、五八三―五八四頁）。

しかし、美濃部は「大日本帝国」か「日本帝国」かについては、関心を持たず、ただ陸軍パンフレットが「皇国」と自国を表現したことについては強く反発した。彼は次のように論じている。

「比較的些事ではあるが、事、国家の名称に関し必ずしも小事とのみ見遁《みのが》すことの出来ないことは、本冊子には屢々《しばしば》我が国を指す語として、『皇国』の語を用いて居ることである。我が国の公の名称としては、憲法に依って『大日本帝国』と公定せられて居る。皇室典範の上諭にも（中略）、其の他『帝国議会』といい『帝国大学』といい、我が国を『帝国』と称することは、既に久しく確定の公用語となって居る。（中略）何故に独り陸軍省の名に於いて発表せられる此等の冊子に於いてのみ、此の公定の名称を用いず、私意を以て故《ことさ》らに之を変更し、『皇国』というような名称を用いているのであろうか。」（『中央公論』一九三四年一一月号、一三二頁）

他ならぬ帝国大学法学部の教授から月刊雑誌で公に批判されたことで陸軍省が面目を失ったことは言うまでもない。わざわざ敵を作ってでも美濃部は「皇国」という言葉に我慢がならなかったのである。

何もそこまでやらなくても、とハラハラしながらこの一文を読んでいてふと気づいたのは、「皇国」という言葉が意外と新しいものだったことである。一九三四（昭和九）年一一月にもなって、「皇国」とは何だ、「大日本帝国」と呼べ、というような文章が総合雑誌に載っていたことには筆者も驚いた。

「戦後レジームからの脱却」という言葉は最近は聞かなくなったが、「脱却」して美濃部のような自由主義者に出会ったら逆効果なことに安倍晋三氏が気がついたのだろうか。美濃部の言うとおり明治維新以後の日本では個人主義と自由主義が旺盛で、明治末年以後は憲法学上では「天皇機関説」が支配的であった。「戦後レジーム」を脱却して「明治レジーム」や「大正レジーム」に戻っても、保守派にとっていいことは何もない。近代日本の政治社会は結構「自由」で「民主」的なものだったのである。

†「平和と民主主義」の明治憲法

筆者が明治維新以後の日本近代史を「明治憲法史」として通観してみようと思ったのは、このことと関連している。「右」か「左」かを問わず、戦後民主主義の旗手やその後継者たちは、明治憲法の歴史を全く誤解してきた。「万世一系」の天皇が支配する専制的な憲法体制などというものは、一九三七（昭和一二）年七月に日中全面戦争が勃発する以前の日本には存在しなかった。

そして一九三七年七月から四五年八月の敗戦までの八年強の間は、明治憲法の時代というよりも、それが機能しなくなった時代と言った方が正確である。平和と民主主義の戦後政治を象徴する日本国憲法は、いわば八年間の無憲法状態の後を継いだのであり、「明治憲法」に取って代わったのではない。

本書で明らかにした〝明治憲法の時代〟は、ほとんどそのまま〝戦後憲法の時代〟に引き継がれており、時には〝明治憲法の時代〟の方が優れていたと感じることさえある。八年強の〝総力戦の時代〟を明治憲法に背負わせてしまえば、戦争責任は放棄できるが、同時に誇るべき日本近代の歴史も失ってしまう。それよりは〝明治憲法の時代〟と〝総力戦の時代〟と〝日本国憲法の時代〟の三つの時代に分けた方がいいように思う。そうすれば、誤って総力戦時代に戻らないかぎり、戦後デモクラシーから脱却すれば戦前デモクラシーに戻る。「平和と民主主義」の時代は、戦後だけではなく戦前にも存在していたのである。

†戦前と戦中と戦後

ここまで書いてきて、また、ふと気がついた。戦前と戦中と戦後の三つの時代があったのは、あまりにも当然のことではないかという点である。

「戦中」を「戦前」の中に組み込んでしまったのは、おそらく「戦後」のリーダーたちの手品である。「戦後」の民主主義は「戦前」のそれの復活にすぎないことを認めたくないという気持ちが、戦後の進歩派のリーダーに共有されていたのではなかろうか。「戦中」

を「戦前」に含めてしまえば、「戦後民主主義」だけが光り輝くことができる。「戦前民主主義」は八年間の総力戦時代の責任を問われて光を失うからである。

筆者は言葉の遊びをやっているのではない。以前からたびたび、なぜ「戦前」に「戦中」が含まれるのかと不思議に思ってきた。「戦前」と言えば戦争以前のことを指すという日本語の常識が、一九四五（昭和二〇）年の敗戦以前の歴史を語る時には、全く守られてこなかったのである。〝軍国主義と空襲の戦前日本を想い出す〟という文章を「戦中」と直す校正者やデスクは、あまりいないのではなかろうか。

筆者のこれまでの日本近代史研究は、いつも一九三七年六月で終わってしまい、それ以後の八年間の総力戦の時代を分析したことはない。今まではこれを歴史学者として怠慢なことと自己批判してきた。しかし実は筆者の関心が「戦前」の日本政治史にあったためにすぎなかったのである。「戦中」の日本史は、「戦後史」はもちろん「戦前史」とも違う独立した「戦中史」として分析されるべきで、筆者はその分野には関心がなかったのである。

＊

『日本近代史』、『帝国と立憲』に続いて本書も筑摩書房の増田健史氏に、テーマの設定の時から執筆完了まで相談相手になっていただいた。その意味では、私の場合には、著述というのが孤独な作業であったことはあまりない。近年では逆に、老人に固有の孤独を救ってもらう手段のひとつになっている。ここに記して感謝の意を表したい。

感謝と言えば八三歳になるまで何とか原稿を書き続けられたのは、妻和子のおかげである。研究と執筆以外にもはや公事などは存在しない身なので、憚ることなく私事にわたらせてもらい、改めて感謝したい。

坂野潤治

参考文献

※本文中では省略した出版社名と刊行年を記載した。なお、本書では、新聞、政党機関紙（誌）、総合雑誌などを史料として用いているが、それらは本文の中に発行年月日や号数を記しているので、ここでは省略した。

はじめに

坂野潤治『明治憲法体制の確立』東京大学出版会、一九七一年
日本国政事典刊行会編『日本国政事典』第一巻、聯合出版社、一九五三年

第1章

坂野潤治『日本近代史』ちくま新書、二〇一二年
色川大吉・我部政男監修『明治建白書集成』第三巻、筑摩書房、一九八六年
板垣退助監修『自由党史』上巻、岩波文庫、一九五七年
稲田正次『明治憲法成立史』上巻、有斐閣、一九六〇年
福澤諭吉『福澤諭吉全集』第五巻、岩波書店、一九五九年
井上毅伝記編纂委員会編『井上毅伝　史料篇第四』国学院大学図書館、一九七一年
春畝公追頌会編『伊藤博文伝』中巻、統正社、一九四〇年
明治文化研究会編『明治文化全集　雑史篇』日本評論社、一九六七年
伊藤博文関係文書研究会編『伊藤博文関係文書』第一巻、塙書房、一九七三年

第2章

坂野潤治『近代日本政治史』岩波書店、二〇〇六年
坂野潤治『近代日本の出発』新人物文庫、二〇一〇年
伊藤博文／宮沢俊義校註『憲法義解』岩波文庫、一九四〇年
宮内庁編『明治天皇紀』第八巻、吉川弘文館、一九七三年
前掲『明治憲法体制の確立』
伊藤之雄『元老』中公新書、二〇一六年
北一輝「国体論及び純正社会主義」（『北一輝著作集』第一巻所収）、みすず書房、一九五九年
美濃部達吉『憲法講話』有斐閣、一九一二年
穂積八束『憲法提要』有斐閣、一九一〇年
前掲『憲法義解』
星島二郎編『最近憲法論』実業之日本社、一九一三年

第3章

原奎一郎編『原敬日記』第五巻、福村出版、一九六五年
小川平吉文書研究会編『小川平吉関係文書』第二巻、みすず書房、一九七三年
吉野作造『日本の民主的改革』吉野作造博士民主主義論集第三巻、新紀元社、一九四七年
前掲『憲法義解』
上杉慎吉『帝国憲法述義』有斐閣、一九一四年

岡義武編『吉野作造評論集』岩波文庫、一九七五年
伊藤隆ほか編『続・現代史資料5　海軍　加藤寛治日記』みすず書房、一九九四年
日本国際政治学会太平洋戦争原因研究部編『太平洋戦争への道　別巻 資料編』朝日新聞社、一九六三年
原田熊雄述『西園寺公と政局』第一巻、岩波書店、一九五〇年
上杉愼吉『新稿憲法述義』有斐閣、一九二四年
『帝国議会衆議院議事速記録』第五四巻、東京大学出版会、一九八三年
美濃部達吉『逐条憲法精義』有斐閣、一九二七年
美濃部達吉『議会政治の検討』日本評論社、一九三四年
今井清一ほか編『現代史資料4　国家主義運動（一）』みすず書房、一九六三年
坂野潤治『近代日本の外交と政治』研文出版、一九八五年

第4章

石橋湛山『石橋湛山全集』第九巻、東洋経済新報社、一九七一年
前掲『逐条憲法精義』
前掲『議会政治の検討』
伊藤隆ほか編『真崎甚三郎日記』第一巻・第二巻、山川出版社、一九八一年
前掲『西園寺公と政局』第四巻、岩波書店、一九五一年
宇垣一成『宇垣一成日記』第二巻、みすず書房、一九七〇年

第5章

内務省警保局編『社会運動の状況』第八巻、三一書房、一九七二年
山辺健太郎編『現代史資料14　社会主義運動（一）』みすず書房、一九六四年
『帝国議会衆議院議事速記録』第六六巻・第六八巻、東京大学出版会、一九八四年
前掲『日本国政事典』第一〇巻、日本国政事典刊行会、一九五八年
伊藤隆・広瀬順晧編『牧野伸顕日記』中央公論社、一九九〇年
前掲『憲法義解』

第6章

秦郁彦『軍ファシズム運動史』増補版、河出書房新社、一九七二年
粟屋憲太郎・小田部雄次編『資料　日本現代史9』大月書店、一九八四年
前掲『社会運動の状況』第九巻、三一書房、一九七二年
矢部貞治『近衛文麿』読売新聞社、一九七六年
社会思想研究会編『河合栄治郎全集』第一九巻、社会思想社、一九六九年

終　章

前掲『明治憲法体制の確立』
前掲『逐条憲法精義』
前掲『明治憲法成立史』下巻、有斐閣、一九六二年

ちくま新書
1513

明治《めいじ》憲法史《けんぽうし》

二〇二〇年九月一〇日　第一刷発行

著者　坂野潤治（ばんの・じゅんじ）
発行者　喜入冬子
発行所　株式会社 筑摩書房
東京都台東区蔵前二-五-三　郵便番号一一一-八七五五
電話番号〇三-五六八七-二六〇一（代表）
装幀者　間村俊一
印刷・製本　株式会社 精興社

本書をコピー、スキャニング等の方法により無許諾で複製することは、法令に規定された場合を除いて禁止されています。請負業者等の第三者によるデジタル化は一切認められていませんので、ご注意ください。
乱丁・落丁本の場合は、送料小社負担でお取り替えいたします。
© BANNO Junji 2020　Printed in Japan
ISBN978-4-480-07317-4 C0232

ちくま新書

457 昭和史の決定的瞬間　坂野潤治
日中戦争は軍国主義の後ではなく、改革の途中で始まった。生活改善の要求は、なぜ反戦の意思と結びつかなかったのか。日本の運命を変えた二年間の真相を追う。

650 未完の明治維新　坂野潤治
明治維新は〈富国・強兵・立憲主義・議会論〉の四つの目標が交錯した「武士の革命」だった。それは、どう実現されたのだろうか。史料で読みとく明治維新の新たな実像。

948 日本近代史　坂野潤治
この国が革命に成功し、わずか数十年でめざましい近代化を実現しながら、やがて崩壊へと突き進まざるをえなかったのはなぜか。激動の八〇年を通観し、捉えなおす。

957 宮中からみる日本近代史　茶谷誠一
戦前の「宮中」は国家の運営について大きな力を持っていた。各国家機関の思惑から織りなされる政策決定を見直し、大日本帝国のシステムと軌跡を明快に示す。

983 昭和戦前期の政党政治——二大政党制はなぜ挫折したのか　筒井清忠
政友会・民政党の二大政党制はなぜ自壊したのか。軍部台頭の真の原因を探りつつ、大衆政治・劇場型政治が誕生した戦前期に、現代二大政党制の混迷の原型を探る。

1002 理想だらけの戦時下日本　井上寿一
格差・右傾化・政治不信……戦時下の社会は現代に重なる。その時、日本人は何を考え、何を望んでいたのか？体制側と国民側、両面織り交ぜながら真実を描く。

1096 幕末史　佐々木克
日本が大きく揺らいだ激動の幕末。そのとき何が起き、何が変わったのか。黒船来航から明治維新まで、日本の生まれ変わる軌跡をダイナミックに一望する決定版。

ちくま新書

1132
大東亜戦争　敗北の本質
杉之尾宜生
なぜ日本は戦争に敗れたのか。情報・対情報・兵站の軽視、戦略や科学的思考の欠如、組織の制度疲労――多くの敗因を検討し、その奥に潜む失敗の本質を暴き出す。

1136
昭和史講義
――最新研究で見る戦争への道
筒井清忠編
なぜ昭和の日本は戦争へと向かったのか。複雑きわまる戦前期を正確に理解すべく、俗説を排して信頼できる史料に依拠。第一線の歴史家たちによる最新の研究成果。

1184
昭和史
古川隆久
日本はなぜ戦争に突き進んだのか。私たちは、何を失い、何を手にしたのか。開戦から敗戦、復興、そして高度成長へと至る激動の64年間を、第一人者が一望する決定版！

1196
戦後史の決定的瞬間
――写真家が見た激動の時代
藤原聡
時代が動く瞬間をとらえた一枚。その写真は希少な記録となり、背景を語った言葉は歴史の証言となった。日本を代表する写真家14人の131作品で振り返る戦後史。

1207
古墳の古代史
――東アジアのなかの日本
森下章司
社会変化の「渦」の中から支配者が出現した、古墳時代の中国・朝鮮・倭。一体何が起こったのか。日本と他地域の共通点と、明白な違いとは。最新考古学から考える。

1224
皇族と天皇
浅見雅男
日本の歴史の中でも特異な存在だった明治以降の皇族。彼らはいかなる事件を引き起こし、天皇を悩ませてきたか。近現代の皇族と天皇の歩みを解明する通史決定版。

1247
建築から見た日本古代史
武澤秀一
飛鳥寺、四天王寺、伊勢神宮などの古代建築群を手がかりに日本誕生に至る古代史を一望する。仏教公伝、皇祖神創造、生前退位は如何に三次元的に表現されたのか？

ちくま新書

1318
明治史講義【テーマ篇】
小林和幸編
信頼できる研究を積み重ねる実証史家の知を結集。20のテーマで明治史研究の論点を整理し、変革と跳躍の時代を最新の観点から描き直す。まったく新しい近代史入門。

1359
大坂城全史
――歴史と構造の謎を解く
中村博司
豊臣秀吉、徳川家康・秀忠など、長きにわたり権力者たちの興亡の舞台となった大坂城を、最新の研究成果に基づき読み解く、通説を刷新する決定版通史！

1369
武士の起源を解きあかす
――混血する古代、創発される中世
桃崎有一郎
武士はどこでどうやって誕生したのか。日本を長期間統治した彼らのはじまりは「諸説ある」として不明とされていた。古代と中世をまたぎ、日本史最大級の謎に挑む。

1378
中世史講義
――院政期から戦国時代まで
高橋典幸編
五味文彦編
日本史の先端研究者の知を結集。政治・経済・外交・社会・文化など十五の重要ポイントを押さえるかたちで中世史を俯瞰する。最新の論点が理解できる、待望の通史。

1379
都市空間の明治維新
――江戸から東京への大転換
松山恵
江戸が東京になったとき、どのような変化が起こったのか？ 皇居改造、煉瓦街計画、武家地の転用など空間の変容を考察し、その町に暮らした人々の痕跡をたどる。

1469
近世史講義
――女性の力を問いなおす
高埜利彦編
第一線の実証史学研究者が最新研究に基づき江戸時代の実像に迫る。特に女性が持った力と果たした役割を多角的に検証。通史としても読める全く新しい形の入門書。

1499
避けられた戦争
――一九二〇年代・日本の選択
油井大三郎
なぜ日本は国際協調を捨てて戦争へと向かったのか。国際関係史の知見から、一九二〇年代の日本に本当は存在していた「戦争を避ける道」の可能性を掘り起こす。